인류 역사상 가장 위대한 과학자 세 명이 있다면 아르키메데스,
뉴튼, 아인슈타인일 것이라는 말을 들은 적이 있다. 아르키메데스,
뉴튼, 아인슈타인은 모두 발견의 기쁨에 대해서 얘기했다.

목욕을 하던 중에 부력의 원리를 발견하고 너무나 기쁜 나머지 벌
거벗은 채로 거리를 내달렸다는 아르키메데스의 일화는 발견의
기쁨을 온몸으로 보여준 것이라 하겠다.

뉴튼은 자신을 진리라는 바닷가에서 유난히 예쁜 조각돌을 발견
하고 기뻐하는 어린아이에 비유했고 아인슈타인은 발견의 기쁨은
무척이나 큰 것이라고 했다.

보통 사람들이 그들만큼 위대할 수는 없을 것이다. 그렇지만 그들
이 느낀 기쁨을 맛볼 수는 있을 것이라고 생각한다.

수학의 여러 분야 중에서 오락수학이라는 분야가 있다. 수학퍼즐
이라고도 하는데, 아인슈타인도 종종 퍼즐을 푸는데 열중했다고
한다.

이 책에 실린 문제들은 수학퍼즐에 관한 것이다.

수학퍼즐은 어려운 수학공식이나 기초지식을 필요로 하지 않는다. 문제를 풀면서 논리적 사고력을 키울 뿐 아니라 답을 찾았을 때는 발견의 기쁨도 맛볼 수 있을 것이다.

또한 이 책에 제시된 답보다 나은 답을 찾을 수도 있을 것이다. 보다 많은 분들이 발견의 기쁨을 맛보길 바란다.

신 만 철

PUZZLE

논리

1th 참과 거짓

A, B, C 세 사람이 있다. 그들 중 한 사람은 진실만 말하고, 나머지 두 사람은 거짓말만 한다. 그들은 모두 '예' 또는 '아니오'라고만 대답한다. A에게 당신은 진실만 말하는 사람이냐고 물었더니 무언가 대답을 했는데 소리가 작아서 전혀 알아듣지 못했다. 그래서, B에게 A가 '아니오'라고 대답했느냐고 물었더니 '예'라고 대답을 하는 것 같기는 한데 확실치 않았다. 마지막으로 C에게 다음과 같이 물었다. "B가 '예'라고 했습니까?" C의 대답은 '아니오'였다. A의 대답은 무엇이고 B의 대답은 무엇인가?

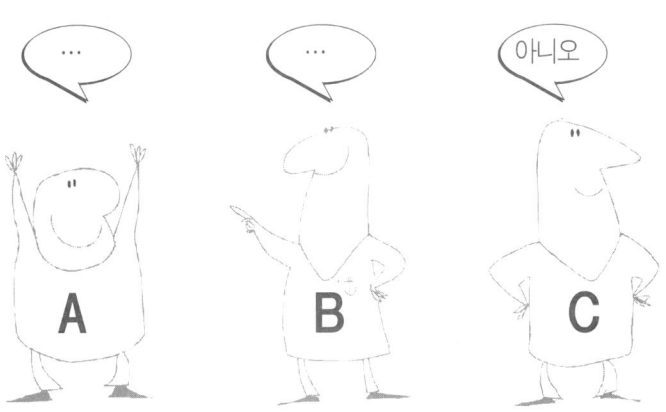

A가 진실만 말하는 사람이든 거짓말만 하는 사람이든 A의 대답은 '예'이다. B가 진실만 말하는 사람이라면 '아니오' 라고 대답했을 것이므로 C는 '예'라고 대답해야 한다. 그 런데 C는 '아니오'라고 대답했으므로 B는 거짓말만 하는 사람이다. 따라서, B는 '예'라고 대답했다.

2th 푯 말

A가 금덩어리를 땅에 묻고 "여기에 금덩어리가 없다."라는 푯말을
써 놓고는 어디론가 사라졌다. 지나가던 B가 A가 써 놓은 글을 보
고 그 밑에 다음과 같이 썼다. "여기에 금덩어리가 있다면 윗 문장
은 사실이다." B가 쓴 문장이 참이라면 그 이유는 무엇인가?

· · ·

땅 속에 금덩어리가 있거나 없거나 둘 중의 하나이다. 금
덩어리가 있다면 A가 쓴 문장이 거짓이므로 B가 쓴 문장
이 참이 될 수 없다. 금덩어리가 없다면 A가 쓴 문장은 참
이고 B의 문장 역시 참이다. 따라서, B가 쓴 문장이 참이
라면 그 이유는 금덩어리가 없기 때문이다.

돼지 저금통 1

돼지 저금통에 몇 개의 동전이 있다. A, B, C, D 네 명의 아이들은 저금통에 몇 개의 동전이 들어 있는지를 알고 있다. 먼저 A와 B에게 저금통에 몇 개의 동전이 들어 있는지를 물었더니 A는 7개, B는 8개라고 대답했다. 두번째로 B와 C에게 저금통에 몇 개의 동전이 들어 있는지를 물었더니 B는 6개, C는 9개라고 대답했다. 세번째로 C와 D에게 저금통에 몇 개의 동전이 들어 있는지를 물었더니 C는 6개, D는 7개라고 대답했다. 마지막으로 A와 D에게 저금통에 몇 개의 동전이 들어 있는지를 물었더니 A는 8개, D는 6개라고 대답했다. 거짓말만 한 아이는 3명이라면 돼지 저금통에는 몇 개의 동전이 들어 있는가?

 해 설

거짓말만 한 아이가 3명이라고 했으므로 A, B, C, D가 대답한 6개, 7개, 8개, 9개 중에 답이 있다. 저금통에 6개가 들어있다면 B, C, D가 한번씩 맞는 말을 한 것이 된다. 모순! 7개가 들어 있다면 A와 D가 한번씩 맞는 말을 한 것이 된다. 모순! 8개가 들어 있다면 A와 B가 한번씩 맞는 말을 한 것이 된다. 모순! 저금통에 9개가 들어 있을 때만 C가 한번은 맞는 말을 하고 한번은 거짓말을 했으며 나머지 3명의 아이들은 두 번 모두 거짓말을 한 것이 되어 아무런 모순이 없다.

돼지 저금통 2

돼지 저금통에 10원짜리, 50원짜리, 100원짜리 동전을 합해서 모두 15개가 들어 있다. A, B, C 세 명의 아이들은 저금통에 각각의 동전이 몇 개씩 들어 있는지를 알고 있다. 먼저 A와 B에게 10원짜리 동전이 몇 개가 들어 있느냐고 물었더니 A와 B 모두 6개라고 대답했다. 두번째로 A와 C에게 50원짜리 동전이 몇 개가 들어 있느냐고 물었더니 A와 C 모두 4개라고 대답했다. 마지막으로 B와 C에게 100원짜리 동전이 몇 개가 들어 있느냐고 물었더니 B는 4개, C는 5개라고 대답했다. 한 아이는 맞는 말만 하고 나머지 두 아이는 적어도 한번은 거짓말을 했다면 돼지 저금통에는 각각의 동전이 몇 개씩 들어 있는가?

 해 설

먼저 맞는 말만을 한 아이가 누구인지를 찾는다. A가 맞는
말만을 했다면 저금통에는 10원짜리 동전이 6개, 50원짜리
동전이 4개, 100원짜리 동전이 5개가 들어 있어야 한다. 그
러면 C도 맞는 말만을 한 아이가 된다. 마찬가지로 C가 맞
는 말만을 했다면 A도 맞는 말만을 한 아이가 된다. 따라
서, 맞는 말만을 한 아이는 B이므로 저금통에는 10원짜리
동전이 6개, 50원짜리 동전이 5개, 100원짜리 동전이 4개
가 들어 있음을 알 수 있다.

5th 누가 누구와 부부인가?

4쌍의 부부가 있다. 남자는 A, B, C, D이고 여자는 E, F, G, H이다. A는 G 아니면 H의 남편이다. B는 E 아니면 H의 남편이다. E는 A 아니면 C의 아내이다. 누구와 누가 부부인가?

6th 아이들과 음식

A, B, C, D 네 명의 아이들이 좋아하는 음식은 각기 다르다. 어떤 아이는 햄버거를 좋아하고, 어떤 아이는 피자를 좋아한다. 소시지를 좋아하는 아이가 있는가 하면 핫도그를 좋아하는 아이도 있다. B, C 중 한 아이는 피자를 좋아한다. D는 햄버거를 싫어한다. A, B 중 한 아이는 피자를 좋아하고, 다른 아이는 소시지를 좋아한다. 아이들이 각기 좋아하는 음식은?

 해 설

E는 A 아니면 C의 아내이므로 B는 H의 남편이고, A는 G의 남편이다. 따라서, A와 G, B와 H, C와 E, D와 F가 각각 부부이다.

D, A, B는 햄버거를 좋아하지 않으므로 햄버거를 좋아하는 아이는 C이다. 따라서, 피자를 좋아하는 아이는 B이고 소시지를 좋아하는 아이는 A, 핫도그를 좋아하는 아이는 D이다.

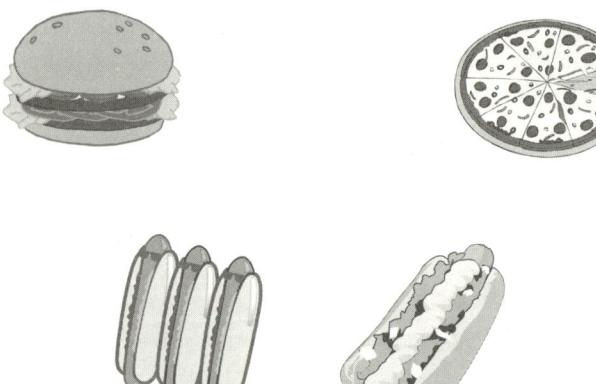

7th 별 명

아래 거명되는 A, B, C, D는 별명을 가지고 있다. E, F, G, H가 별명이고, 누구도 같은 별명을 가지고 있지 않다. 그들의 별명은? H는 B와 있을 때 보다 D와 있을 때 더 많은 말을 한다. B, G, A는 주말마다 같이 낚시를 한다. E와 B는 발가락이 닮았다. D는 F를 본 적이 없다.

8th 원 탁

6명의 남녀가 원탁에 둘러앉아 카드게임을 하고 있다. 남자는 A, B, C이고, 여자는 D, E, F 이다. A의 옆에는 C와 E가 앉아있다. 어떤 여성의 오른쪽으로 2, 10, 14번째 사람은 남성이다. F의 옆에는 C가 앉아있지 않다. G의 왼쪽에는 B가 앉아있다. 그들은 어떻게 앉아있는가?

해 설

B의 별명을 먼저 찾는다. 문제에서 B의 별명은 H, G, E가 아님을 알 수 있다. 따라서, B의 별명은 F이다. D는 F를 본 적이 없으므로 주말마다 같이 낚시를 할리가 없다. 따라서, D의 별명은 G도 H도 아니다. 즉, D의 별명은 E이다. A의 별명은 H, C의 별명은 G이다.

어떤 여성의 오른쪽으로 2, 10, 14번째 사람은 남성이라는 사실로부터 아래 그림과 같이 남성과 여성이 앉아 있음을 알 수 있다. A의 옆에는 C와 E가 앉아있으므로 A는 화살표 한 두 의자 중 한 의자에 앉아있고, 그림에서 여성은 E임을 알 수 있다. D가 E의 옆에 앉으면 F는 C의 옆에 앉게 된다. 따라서, D의 왼쪽에는 B, 오른쪽에는 C가 앉게 되므로 C의 오른쪽에는 A, E의 오른쪽에는 F가 앉게 된다.

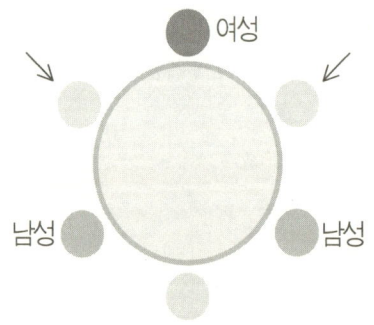

누가 누구를 좋아하는가?

세 명의 남자 A, B, C와 세 명의 여자 D, E, F가 있다. 그들은 각각
세 명의 이성 가운데 한 사람을 좋아하는데, 어떤 두 사람도 서로
좋아하지는 않는다. F는 A를 좋아한다. F를 좋아하는 사람은 없다.
B가 좋아하는 사람은 C를 좋아한다. A와 C는 같은 사람을 좋아한
다. D는 C를 좋아하지 않는다. D가 좋아하는 사람은?

숫자의 위치

두 숫자의 위치를 바꾸면 78293이 되고, 세 숫자의 위치를 바꾸면
28379가 되고, 네 숫자의 위치를 바꾸면 98273이 되는 다섯자리
자연수는?

 해 설

B가 D를 좋아하면 B가 좋아하는 사람은 C를 좋아하므로 D 는 C를 좋아해야 한다. 모순. 따라서, B는 E를 좋아한다. 각각이 좋아하는 사람을 화살표로 표시하면 다음과 같다.

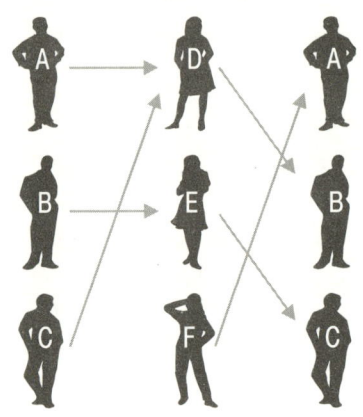

두 숫자의 위치를 바꾸어서 78293이 될 수 있는 수는 다음 의 10가지가 있다. 87293, 28793, 98273, 38297, 72893, 79283, 73298, 78923, 78392, 78239. 이 중 세 숫자의 위치 를 바꾸면 28379가 되는 수는 28793, 98273, 78392, 78239 이다. 이 네 숫자 중 네 숫자의 위치를 바꾸면 98273이 되 는 수는 78392뿐이다.

14개의 의자에 앉아있는 사람들

A씨 부부, B씨 부부, C씨 부부, D씨 부부, E씨 부부, F씨 부부, G씨 부부 14명이 일렬로 나란히 놓인 14개의 의자에 각각 한 사람씩 앉아있다.

A씨 부부 사이에는 1명이 앉아있다. B씨 부부 사이에는 2명이 앉아있다.

C씨 부부 사이에는 3명이 앉아있다. D씨 부부 사이에는 4명이 앉아있다.

E씨 부부 사이에는 5명이 앉아있다. F씨 부부 사이에는 7명이 앉아있다.

G씨 부부 사이에는 8명이 앉아있다. B씨 부인과 E씨는 가운데 두 의자에 나란히 앉아있다.

B씨, D씨, G씨는 왼쪽에서 짝수번째 의자에 앉아있다. C씨 부인이 앉은 의자 바로 오른쪽 의자에 A씨가 앉아있다. 어떤 남자의 양쪽 옆에는 남자만 앉았는데, 그런 남자는 한 명뿐이다. 그들은 어떻게 앉아있는가?

아인슈타인 따라잡기

해 설

가장 왼쪽에 있는 의자를 1번이라 하고 차례대로 번호를 붙여 가장 오른쪽에 있는 의자를 14번이라 하자. 또한, A를 A씨, Ⓐ를 A의 아내, …, G를 G씨, Ⓖ를 G의 아내라 하자. B씨 부부 사이에는 2명이 앉아있고, B씨 부인은 가운데 두 의자 중 하나에 앉아있으며 B씨는 왼쪽에서 짝수번째 의자에 앉아있으므로 B씨 부인은 7번, E씨는 8번 의자에 앉아있다. 따라서, B씨는 4번 아니면 10번 의자에 앉아있고, E씨 부인은 2번 아니면 14번 의자에 앉아있다. B씨 부부, E씨 부부, G씨 부부가 앉을 수 있는 경우는 해설의 마지막 부분에 있는 것과 같은 12가지가 있다.

①에서 D씨가 앉을 수 있는 의자는 6번 의자뿐이다. D씨 부인이 11번 의자에 앉으면 C씨 부인이 9번, A씨가 10번, A씨 부인이 12번, C씨가 13번 의자에 앉아야 하는데, 그러면 F씨 부부가 앉을 수 없다. D씨 부인이 1번 의자에 앉으면 C씨 부인이 9번, A씨가 10번, A씨 부인이 12번, C씨가 13번, F씨 부부가 3번과 11번 의자에 앉아야 하는데, F씨가 3번 의자에 앉든 11번 의자에 앉든 양쪽 옆에 남자만 앉아있는 남자가 없다.

②에서 D씨가 10번 의자에 앉았다면 D씨 부인은 5번 의자에 앉는다. 그러면 C씨 부부는 9번과 13번 의자에 앉게 되므로 A씨 부부가 앉을 수 없다. D씨가 6번 의자에 앉았다면 C씨 부인은 10번, A씨는 11번 의자에 앉아야 하므로 D씨 부인은 1번 의자에 앉는다. 따라서, F씨 부부는 5번과

13번 의자에 앉고, A씨 부인은 9번 C씨는 14번 의자에 앉는다. 또한 한명의 남자만이 양쪽 옆에 남자가 앉았다고 했으므로 5번 의자에 F씨, 13번 의자에 F씨 부인이 앉아야 한다.

③에서 D씨가 6번 의자에 앉으면 F씨 부부는 5번과 13번 의자에 앉아야 한다. 그러면 C씨 부부가 앉을 수 없다. D씨가 14번 의자에 앉으면 C씨 부부가 앉을 수 없다.

④에서 D씨가 6번 의자에 앉으면 D씨 부인은 1번 의자에 앉고, F씨 부부는 5번, 13번 의자에 앉아야 하는데, 그러면 C씨 부부가 앉을 수 없다. D씨가 10번 의자에 앉으면 D씨 부인은 5번 의자에 앉아야 하고, C씨 부인의 오른쪽에 A씨가 앉을 때 C씨와 A씨 부인이 앉을 수 없다.

⑤에서 A씨 부부가 앉을 수 있는 2가지 경우 각각에 대해 C씨 부인이 앉을 수 있는 의자는 10번 의자뿐이다. 따라서, C씨는 6번 의자에 앉는다. 그러면 D씨가 앉을 수 있는 의자가 없다.

⑥에서 D씨 부부, A씨 부부 순으로 자리를 정하면 F씨 부부가 앉을 의자가 없다.

⑦에서 D씨가 6번 의자에 앉으면 C씨 부인은 1번, 5번, 9번 의자 중에 앉는데, 어디에 앉든 A씨가 앉을 수 있는 의자는 없다. D씨가 14번 의자에 앉으면 C씨 부부는 1번, 5번 의자에 앉아야 하는데, 그러면 A씨 부부는 앉을 수 없다.

⑧에서 C씨 부부는 9번, 13번 의자에 앉아야 하는데 그러면 A씨가 앉을 수 없다.

⑨에서 A씨는 C씨 부인 오른쪽에 앉아야 하므로 A씨가 앉을 수 있는 의자는 6번뿐이고 C씨 부인은 5번 의자에 앉는다. C씨가 1번, 9번 중 어느 의자에 앉든 F씨 부부가 앉을

의자가 없다.

⑩에서 C씨 부인과 A씨가 앉을 수 있는 의자는 5번, 6번 의자뿐인데 그러면 D씨가 앉을 의자가 없다.

⑪에서 C씨 부인과 A씨가 앉을 수 있는 의자는 2번, 3번 의자뿐인데, 그러면 D씨가 앉을 의자가 없다.

⑫에서 C씨 부인이 1번, A씨가 2번 의자에 앉으면 F씨 부부가 앉을 의자가 없고, C씨 부인이 5번, A씨가 6번 의자에 앉으면 D씨가 앉을 의자가 없다.

	1	2	3	4	5	6	7	8	9	10	11	12	13	14
①		E		B	G		B	E						G
②		E	G	B			B	E				G		
③	G	E		B			B	E		G				
④		G		B			B	E			G			E
⑤			G	B			B	E				G		E
⑥	G			B			B	E		G				E
⑦		E		G			B	E		B			G	
⑧		E			G		B	E		B				G
⑨		E	G				B	E		B		G		
⑩		G					B	E		B	G			E
⑪				G			B	E		B			G	E
⑫			G				B	E		B		G		E

12th 여 관

1, 2, 3, 4, 5라는 번호가 붙은 5개의 방이 있는데, 각 방에는 한 사람씩 묵고 있다. 그들의 이름은 A, B, C, D, E이고, 5개의 방 중에는 TV가 있는 곳도 있고 없는 곳도 있다. 다음 사실로부터 A, B, C, D, E가 각각 묵고 있는 방의 번호와 TV가 있는지 없는지를 알아내시오.

① D가 묵고 있는 방의 번호보다 E가 묵고 있는 방의 번호가 더 크다.

② 홀수번호의 방들 중 두 개의 방에만 TV가 있다.

③ A가 묵고 있는 방의 번호는 E가 묵고 있는 방의 번호보다 2가 크다.

④ B와 D의 방번호는 짝수이다.

⑤ C가 있는 방과 4번, 그리고 5번 방에 있는 TV의 총수는 2이다.

⑥ A의 방에 TV가 있다면 3번 방에도 TV가 있다.

⑦ TV가 없는 방의 수와 TV의 갯수는 같다.

 해 설

③, ④, ⑤에서 C가 묵고 있는 방은 1번 방이고, E가 묵고 있는 방은 3번 방, A가 묵고있는 방은 5번 방임을 알 수 있다. ①에서 D의 방 번호는 2임을 알 수 있고 따라서, B의 방 번호는 4이다. ⑦에서 적어도 3개의 방에는 TV가 없고, TV가 2대 이상인 방이 있음을 알 수 있다. ②에서 B와 D의 방에는 TV가 없고, TV가 없는 방의 수와 TV의 수가 각각 3임을 알 수 있다. ⑤에서 E의 방, 즉 3번 방에 TV가 1대 있음을 알 수 있다. 따라서, ②, ⑥에서 A의 방에 TV가 2대 있음을 알 수 있다.

아인슈타인 퍼즐

다음은 '아인슈타인 퍼즐'이라는 제목으로 알려진 문제이다.
색깔이 다른 5채의 집이 일렬로 있다. 각 집에는 서로 다른 국적
의 사람이 살고 있다. 그들은 각각 다른 종류의 음료수를 마시고
다른 종류의 담배를 피우고 다른 종류의 애완동물을 키운다. 다음
사실에서 금붕어를 키우는 사람이 누구인지를 알아내시오.

① 영국인은 빨간색 집에 산다.
② 스웨덴인은 개를 키운다.
③ 덴마크인은 차를 마신다.
④ 녹색 집은 흰색 집 왼쪽에 있다.
⑤ 녹색 집에 사는 사람은 커피를 마신다.
⑥ 폴몰 담배를 피우는 사람은 새를 키운다.
⑦ 노란색 집 사람은 던힐 담배를 피운다.
⑧ 한 가운데 집에 사는 사람은 우유를 마신다.
⑨ 노르웨이인은 첫번째 집에 산다.
⑩ 블랜드 담배를 피우는 사람은 고양이를 키우는 사람 옆집에 산다.
⑪ 말을 키우는 사람은 던힐 담배를 피우는 사람 옆집에 산다.
⑫ 블루 마스터 담배를 피우는 사람은 맥주를 마신다.
⑬ 독일인은 프린스 담배를 피운다.
⑭ 노르웨이인은 파란색 집 옆집에 산다.
⑮ 블랜드 담배를 피우는 사람은 생수를 마시는 사람 옆집에 산다.

 해설

독일인

번호순으로 답을 찾는다. 12에서 차를 마시는 덴마크인이 흰색 집에 산다면 파란색 집에 사는 사람은 블루 마스터 담배를 피우고 맥주를 마시므로 블랜드 담배를 피우는 사람이 생수를 마시는 사람의 옆집에 살 수 없다. 따라서, 차를 마시는 덴마크인은 파란색 집에 산다.

집색깔	9.⑦노란색	3.⑭파란색	7.①빨간색	4.④⑤녹색	5.④⑤흰색
국적	1.⑨노르웨이	12.③덴마크	8.①영국	18.⑬독일	20.②스웨덴
음료수	16.⑮생수	13.③차	2.⑧우유	6.⑤커피	14.⑫맥주
담배	10.⑦던힐	17.⑮블랜드	22.⑥폴몰	19.⑬프린스	15.⑫블루 마스터
애완동물	24.⑩고양이	11.⑪말	23.⑥새	25.금붕어	21.②개

구명보트

A, B, C, D, E, F, G, H, I, J 모두 10명이 탄 배가 암초에 부딪쳐 침몰할 위기에 처했다. 구명보트가 하나 있는데, 모두 구명보트에 옮겨타고 싶어하지만 6명까지밖에 타지 못한다. 그래서, 제비뽑기를 하기로 했다. 5장의 쪽지에 보트에 탈 6명의 이름을 적고 한장의 쪽지를 임의로 선택하기로 한 것이다. 제비뽑기는 공정해야 한다. 즉, 각각의 사람이 선택될 가능성은 같아야 한다. 또한, 가족과 부부, 연인들끼리는 서로 헤어지지 않아야 한다. 여기서 A, B, C는 한 가족이고, D와 E는 부부, F와 G는 연인 사이이다. H, I, J는 가족도 배우자도 애인도 없다. 각각의 쪽지에는 누구누구의 이름이 적혀야 하는가?

해 설

사람은 10명이고 쪽지에 적히는 총 이름의 수는 30(5×6)이므로 모든 사람의 이름이 꼭 3장의 쪽지에 적혀야 한다. 먼저 3장의 쪽지에 한 가족인 A, B, C의 이름을 적는다. (A,B,C,?,?,?), (A,B,C,?,?,?), (A,B,C,?,?,?). 나머지 사람들은 모두 A, B, C가 적힌 3장의 쪽지 중 적어도 하나에는 이름이 적혀야 한다. D와 E는 부부, F와 G는 연인 사이이므로 다음과 같이 적는다. (A,B,C,D,E,?), (A,B,C,F,G,?), (A,B,C,?,?,?). (A,B,C,?,?,?)에 D와 E가 적히면 나머지 두 장의 쪽지는 (H,I,J,F,G,?), (H,I,J,F,G,?)가 되는데, 그러면 D와 E가 한번 더 적힐 수 없게 된다. (A,B,C,?,?,?)에 F와 G가 적힐 때도 마찬가지이다. 따라서, (A,B,C,?,?,?)는 (A,B,C,H,I,J)가 된다. 나머지 두 장의 쪽지에는 D와 E, F와 G가 각각 한번씩 적혀야 하므로 (D,E,F,G,?,?), (D,E,F,G,?,?)가 된다. 이상을 정리하면 다섯 장의 쪽지에는 다음과 같이 이름이 적혀야 함을 알 수 있다. (A,B,C,D,E,?), (A,B,C,F,G,?), (A,B,C,H,I,J), (D,E,F,G,?,?), (D,E,F,G,?,?).
?가 있는 4장의 쪽지에 H, I, J가 각각 두번씩 적히는 방법은 다음의 9가지가 있다.

1. (A,B,C,D,E,H), (A,B,C,F,G,H), (A,B,C,H,I,J), (D,E,F,G,I,J), (D,E,F,G,I,J).
2. (A,B,C,D,E,H), (A,B,C,F,G,I), (A,B,C,H,I,J), (D,E,F,G,H,J), (D,E,F,G,I,J).
3. (A,B,C,D,E,I), (A,B,C,F,G,H), (A,B,C,H,I,J), (D,E,F,G,H,J), (D,E,F,G,I,J).
4. (A,B,C,D,E,H), (A,B,C,F,G,J), (A,B,C,H,I,J), (D,E,F,G,H,I), (D,E,F,G,I,J).
5. (A,B,C,D,E,J), (A,B,C,F,G,H), (A,B,C,H,I,J), (D,E,F,G,H,I), (D,E,F,G,I,J).
6. (A,B,C,D,E,I), (A,B,C,F,G,I), (A,B,C,H,I,J), (D,E,F,G,H,J), (D,E,F,G,H,J).
7. (A,B,C,D,E,I), (A,B,C,F,G,J), (A,B,C,H,I,J), (D,E,F,G,I,H), (D,E,F,G,J,H).
8. (A,B,C,D,E,J), (A,B,C,F,G,I), (A,B,C,H,I,J), (D,E,F,G,I,H), (D,E,F,G,J,H).
9. (A,B,C,D,E,J), (A,B,C,F,G,J), (A,B,C,H,I,J), (D,E,F,G,I,H), (D,E,F,G,I,H).

▸ ▸ ▸

과일나누기 1

사과, 포도, 배, 감, 귤이 각각 하나씩 있다. 이 과일들을 A, B, C 세 사람이 모두 다른 두 사람과 각각 비교했을 때 손해보았다는 생각을 갖지 않도록 나눠주려고 한다. 즉, 누구도 자기가 갖는 과일의 가치가 다른 사람이 갖는 과일의 가치보다 낮다고 생각하도록 해서는 안 된다. 예를 들어 ①에서 사과와 포도를 A에게, 배와 감을 B에게 귤을 C에게 준다면 C는 모두 같은 가치의 과일을 가졌다고 생각한다. 그러나, A와 B는 C가 가진 과일보다는 가치가 높다고 생각하겠지만 A는 B보다 B는 A보다 자기가 가진 과일의 가치가 낮다는 생각을 가질 수도 있다. A, B, C가 각각 다음과 같이 생각한다면 어떻게 나눠주어야 하는가?

① A와 B는 사과의 가치는 포도와 배를 합한 것과 같고 이는 또한 감과 귤을 합한 것과 같다고 생각한다. C는 귤의 가치는 사과와 포도를 합한 것과 같고 이는 또한 배와 감을 합한 것과 같다고 생각한다.

② A는 사과의 가치는 포도와 배를 합한 것과 같고 이는 또한 감과 귤을 합한 것과 같다고 생각한다. B는 사과의 가치는 귤과 같고 이는 또한 포도와 배 그리고 감을 합한 것과 같다고 생각한다. C는 배의 가치는 사과와 포도를 합한 것과 같고 이는 또한 감과 귤을 합한 것과 같다고 생각한다.

③ A는 사과의 가치는 포도와 배를 합한 것과 같고 이는 또한 감

과 귤을 합한 것과 같다고 생각한다. B는 배의 가치는 사과와 포도를 합한 것과 같고 이는 또한 감과 귤을 합한 것과 같다고 생각한다. C는 귤의 가치는 사과와 포도를 합한 것과 같고 이는 또한 배와 감을 합한 것과 같다고 생각한다.

④ A는 사과의 가치는 귤과 같고 이는 또한 포도와 배 그리고 감을 합한 것과 같다고 생각한다. B와 C는 배의 가치는 사과와 포도를 합한 것과 같고 이는 또한 감과 귤을 합한 것과 같다고 생각한다.

 해 설

① 사과를 A에게 준다. 포도와 배를 가질 것인지 감과 귤을 가질 것인지를 C에게 선택하게 하고 나머지를 B에게 준다.

② 사과를 A에게, 감과 귤을 B에게, 포도와 배를 C에게 준다.

③ 사과와 포도를 A에게, 배를 B에게, 감과 귤을 C에게 준다.

④ 배를 B에게 준다. 사과와 포도를 가질 것인지 감과 귤을 가질 것인지를 A에게 선택하게 하고 나머지를 C에게 준다.

과일나누기 2

사과, 포도, 딸기, 배, 감, 귤이 각각 하나씩 있다. 이 과일들을 A, B, C 세 사람에게 공평하게 나누어 주려고 한다. 즉, 세 사람이 모두 다른 두 사람과 각각 비교했을 때 손해보았다는 생각을 갖지 않도록 나누어 주려고 한다. A, B, C가 각기 다음과 같이 생각한다면 어떻게 나누어 주어야 하는가?

① A는 사과의 가치는 포도와 같고 이는 또한 딸기와 배, 감, 귤을 합한 것과 같다고 생각한다. B는 사과의 가치는 포도와 딸기를 합한 것과 같고 이는 또한 배와 감, 그리고 귤을 합한 것과 같다고 생각한다. C는 감의 가치는 귤과 같고 이는 또한 사과와 포도, 딸기, 배를 합한 것과 같다고 생각한다.

② A는 사과의 가치는 포도와 같고 이는 또한 딸기와 배, 감, 귤을 합한 것과 같다고 생각한다. B는 배의 가치는 감과 귤을 합한 것과 같고 이는 또한 사과와 포도 그리고 딸기를 합한 것과 같다고 생각한다. C는 귤의 가치는 배와 감을 합한 것과 같고 이는 또한 사과와 포도 그리고 딸기를 합한 것과 같다고 생각한다.

③ A는 사과의 가치는 포도와 딸기를 합한 것과 같고 이는 또한 배와 감, 그리고 귤을 합한 것과 같다고 생각한다. B는 사과와 포도를 합한 가치는 딸기와 배를 합한 것과 같고 이는 또한 감과 귤을 합한 것과 같다고 생각한다. C는 귤의 가치는 사과와 포도를 합한 것과 같고 이는 또한 딸기와 배, 그리고 감을 합한 것과 같다고 생각한다.

④ A는 사과의 가치는 감과 귤을 합한 것과 같고 이는 또한 포도와 딸기, 그리고 배를 합한 것과 같다고 생각한다. B는 딸기의

가치는 사과와 포도를 합한 것과 같고 이는 또한 배와 감, 그리고 귤을 합한 것과 같다고 생각한다. C는 귤의 가치는 사과와 포도를 합한 것과 같고 이는 또한 딸기와 배, 그리고 감을 합한 것과 같다고 생각한다.

⑤ A는 사과의 가치는 귤과 같고 이는 또한 포도와 딸기, 배, 감을 합한 것과 같다고 생각한다. B는 딸기의 가치는 사과와 포도를 합한 것과 같고 이는 또한 배와 감, 그리고 귤을 합한 것과 같다고 생각한다. C는 사과와 포도를 합한 것은 딸기와 배를 합한 것과 가치가 같고 이는 또한 감과 귤을 합한 것과 같다고 생각한다.

 해설

① A에게 포도와 딸기를 주고, B에게 사과를 주고, C에게 배와 감과 귤을 준다.

② A에게 사과와 포도와 딸기를 주고, B에게 배를 주고, C에게 감과 귤을 준다.

③ A에게 사과와 포도를 가질 것인지 딸기와 배를 가질 것인지를 선택하게 한다. A가 사과와 포도를 가지면 B에게 딸기와 배를 주고, A가 딸기와 배를 가지면 B에게 사과와 포도를 준다. C에게 감과 귤을 준다.

④ A에게 사과와 포도를 주고, B에게 딸기와 배를 주고, C에게 감과 귤을 준다.

⑤ A에게 사과와 포도를 가질 것인지 감과 귤을 가질 것인지를 선택하게 한다. A가 사과와 포도를 가지면 C에게 감과 귤을 주고, A가 감과 귤을 가지면 C에게 사과와 포도를 준다. B에게 딸기와 배를 준다.

독심술 1

1부터 16까지의 숫자가 적힌 원이 아래와 같이 원형으로 놓여있다. 상대방에게 그 중 한 원에 적힌 숫자를 생각하게 하고 다음과 같이 말한다. "당신이 생각한 숫자에서 시계방향으로 차례대로 네 개의 원에 적힌 숫자가 홀수인지 짝수인지 말하면 나는 당신이 생각한 숫자를 맞출 수 있다." 어떻게 그것이 가능한가?

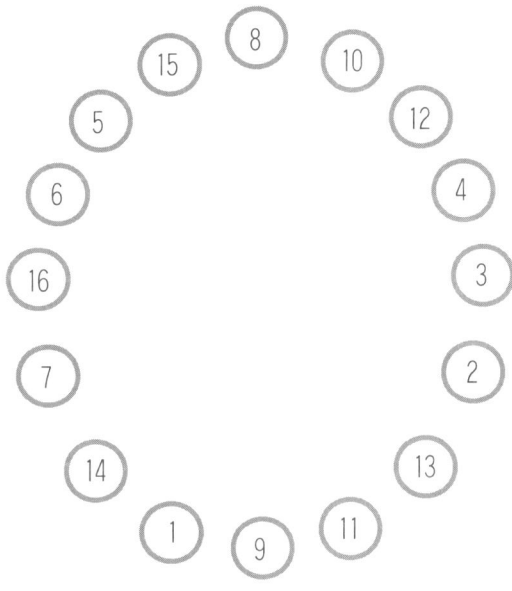

해 설

네 숫자가 홀수, 짝수로 배열되는 경우의 수는 16가지이다. 각 경우에 대하여 1부터 16까지의 숫자가 1:1로 대응되었기 때문에 가능하다.

예를들어 1이 적힌 원부터 시계방향으로 차례대로 네 원에 적힌 숫자는 홀수, 짝수, 홀수, 짝수인데 차례대로 시계방향으로 네 개의 원에 적힌 숫자가 홀수, 짝수, 홀수, 짝수인 경우는 첫번째 원에 적힌 숫자가 1인 한 가지 경우뿐이라는 것이다.

 독심술 2

1부터 32까지의 수 중 하나를 생각하시오. 아래 5장의 카드 중 당신이 생각한 숫자가 적힌 카드를 말해주면 나는 당신이 생각한 숫자를 알아낼 수 있다. 어떻게 그것이 가능한가?

1	3	5	7
9	11	13	15
17	19	21	23
25	27	29	31

2	3	6	7
10	11	14	15
18	19	22	23
26	27	30	31

4	5	6	7
12	13	14	15
20	21	22	23
28	29	30	31

8	9	10	11
12	13	14	15
24	25	26	27
28	29	30	31

16	17	18	19
20	21	22	23
24	25	26	27
28	29	30	31

당신이 생각한 숫자는 당신이 말한 카드의 처음에 있는 숫
자들을 더한 값이다. 만약 어떤 카드에도 당신이 생각한
숫자가 없다면 당신이 생각한 숫자는 32이다. 왜냐하면 각
카드에 적힌 숫자들은 이진수로 표현했을 때 카드의 처음
에 적힌 수의 자리수가 모두 1이기 때문이다.

PUZZLE

수

답안지

다음은 OX문제 5문항을 치른 A, B 두 사람의 답안이다. 문제당
10점씩일 때, 다음 중 나올 수 없는 점수는?

① A:10, B:20　② A:30, B:30　③ A:50, B:20　④ A:30, B:40

이름 : A
1. ○
2. ×
3. ○
4. ×
5. ○

이름 : B
1. ×
2. ○
3. ○
4. ×
5. ×

 해 설

②

A와 B가 5문제 중 2문제는 같은 답을 했고, 3문제는 다른 답을 했다. 같은 답을 한 2문제는 같은 점수를 받지만 다른 답을 한 3문제는 한 사람이 30점을 받고 다른 사람이 0점을 받거나 또는 한 사람이 20점을 받고 다른 사람이 10점을 받는다. 즉, A와 B는 같은 점수를 받을 수 없다.

20th 과녁

A, B, C 세 사람이 각각 3발씩 9발의 화살을 쏘았다. 과녁에는 10점짜리 원에 1발, 9점짜리 원에 3발, 7점짜리 원에 2발, 6점짜리 원에 2발, 4점짜리 원에 1발이 꽂혔다. A의 총점은 19점이고, B의 총점은 22점이다. 또, 10점짜리 한발은 C의 것이다. 그들은 각각 몇 점짜리 원을 맞추었는가?

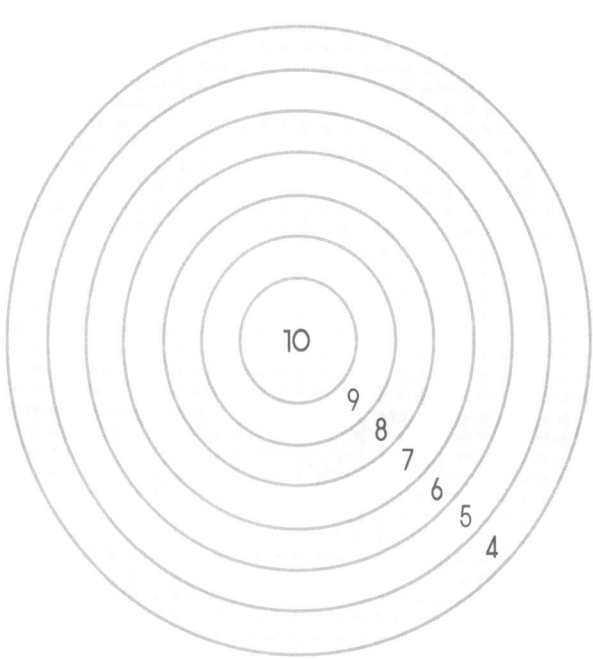

 해 설

다음 2가지 가능성이 있다. 어느 것인지는 문제의 조건만
으로는 알 수 없다.

A는 4점, 6점, 9점짜리 원에 각각 한발씩 맞추었다.
B는 6점, 7점, 9점짜리 원에 각각 한발씩 맞추었다.
C는 7점, 9점, 10점짜리 원에 각각 한발씩 맞추었다.

A는 6점, 6점, 7점짜리 원에 각각 한발씩 맞추었다.
B는 4점, 9점, 9점짜리 원에 각각 한발씩 맞추었다.
C는 7점, 9점, 10점짜리 원에 각각 한발씩 맞추었다.

봉숭아물

오른손 다섯 개 손가락에 봉숭아물을 들이려 한다. 아래와 같이 숫자를 세어 100번째 손가락에 처음 물을 들이고 다음 손가락부터 다시 숫자를 세어 100번째 손가락에 두번째 물을 들인다. 단, 이미 물들인 손가락은 건너뛰고 숫자를 센다. 마지막에 물들이는 손가락은?

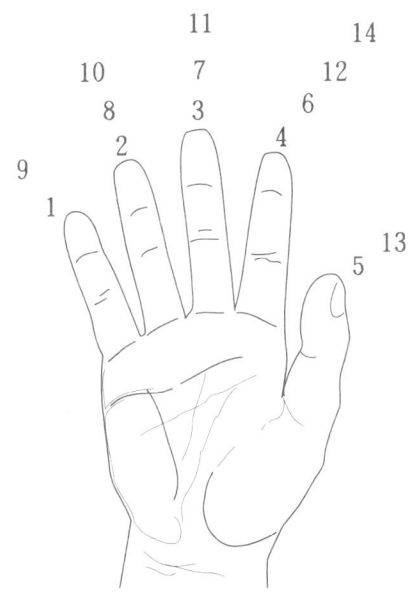

 해설

검지손가락

엄지손가락은 8로 나눈 나머지가 1인 숫자가 대응되고, 검지손가락은 8로 나눈 나머지가 2 또는 0, 중지손가락은 8로 나눈 나머지가 3 또는 7, 약지손가락은 8로 나눈 나머지가 4 또는 6, 새끼손가락은 8로 나눈 나머지가 5인 숫자가 대응된다. 따라서, $100=8\times12+4$ 이므로 처음에 약지손가락에 물을 들인다. 다시 새끼손가락부터 수를 세기 시작하므로 새끼손가락은 6으로 나눈 나머지가 1인 숫자가 대응되고, 중지손가락은 6으로 나눈 나머지가 2 또는 0, 검지 손가락은 6으로 나눈 나머지가 3 또는 5, 엄지손가락은 6으로 나눈 나머지가 4인 숫자가 대응된다. 따라서, $100=6\times16+4$ 이므로 두번째로 엄지손가락에 물을 들인다. 같은 방법으로 세번째에 중지손가락, 네번째에 새끼손가락, 마지막에 검지손가락에 물을 들임을 알 수 있다.

22th 570원

주머니에 동전이 10개가 있는데, 그 금액이 570원이었다. 얼마짜리 동전이 몇 개씩 있는가? 주머니에 있는 어떤 동전도 10원, 50원, 100원, 500원짜리 중 하나이다.

23th 금화 은화

A, B, C 세 사람이 금화와 은화를 합해 10개의 동전을 가지고 있다. 금화 2개의 무게는 은화 3개의 무게와 같다. 만약 A가 B에게 은화 2개를 주면 세 사람이 가지고 있는 주화의 무게는 같아진다. A, B, C가 각각 가지고 있는 동전은?

 해 설

100원짜리가 3개, 50원짜리가 5개, 10원짜리가 2개 있다.

다음 2가지 가능성이 있다. 어느 것인지는 문제의 조건만으로는 알 수 없다.
A는 금화 2개와 은화 3개, B는 은화만 2개, C는 금화 2개와 은화 1개를 가지고 있거나 또는 A는 금화 3개와 은화 2개, B는 금화 1개와 은화 1개, C는 금화만 3개를 가지고 있다.

24th 달팽이와 굼벵이

달팽이가 20cm짜리 막대를 오르고, 굼벵이는 15cm짜리 막대를 오른다. 달팽이는 1초에 3cm 오른 후 1초동안 2cm 미끄러진다. 굼벵이는 2초에 3cm 오른 후 1초동안 2cm 미끄러진다. 달팽이와 굼벵이가 동시에 오르기 시작하면 어느 쪽이 얼마만큼 빨리 꼭대기에 도착하는가?

25th 사과도둑

몇 명의 도둑이 몇 개의 사과를 훔쳤다. 6개씩 나누면 6개가 남고, 7개씩 나누면 7개가 모자른다. 몇 명의 도둑이 몇 개의 사과를 훔쳤는가?

달팽이는 17cm 지점에서 오르기 시작하기 위해서 34초가 걸리고 3cm를 오르는데 1초가 걸리므로 꼭대기에 도착하는데 35초가 걸린다. 굼벵이는 12cm 지점에서 오르기 시작하기 위해서 36초가 걸리고 3cm 오르는데 2초가 걸리므로 꼭대기에 도착하는데 38초가 걸린다. 따라서, 달팽이가 굼벵이보다 3초 빨리 오른다.

13명의 도둑이 84개의 사과를 훔쳤다.
도둑의 수를 x, 사과의 수를 y라 하면 $y=6x+6$, $y=7x-7$ 에서 $7x-7=6x+6$ 이므로 $x=13$. 따라서, $y=84$.

26th 우유

A와 B 그리고, C가 얼마만큼씩 우유를 가지고 있다. A는 B가 가지고 있는 우유양의 20%를 가지고 있고, 이 양은 C가 가지고 있는 우유양의 60%에 해당한다. 그렇다면 C는 B가 가지고 있는 우유양의 몇 %를 가지고 있는 셈인가?

 해 설

B가 가지고 있는 우유양을 X라 하면 A는 X/5를 가지고 있고, 이는 C가 가지고 있는 우유양의 60% 즉, 3/5이므로 C는 X/3를 가지고 있다. 따라서, C는 B가 가지고 있는 우유양의 (100/3)%를 가지고 있다.

마방진

마방진은 중국에서 유래된 아주 오래된 숫자퍼즐로 서양에서는 Magic Square라고 한다. 가장 작은 마방진은 3×3 마방진이다. 3×3 마방진은 가로, 세로 각 3칸씩인 바둑판 모양의 칸에 1부터 9까지의 수를 가로, 세로, 대각의 합이 모두 같도록 넣는 것을 말한다.

4	9	2
3	5	7
8	1	6

a	b	c
d	e	f
g	h	i

해설

1+2+3+4+5+6+7+8+9=45이고, a+b+c=d+e+f=g+h+i이므로 각 열
의 합은 15(45/3)이다. 1부터 9까지의 수 중 세 수를 택해서 더한
값이 15가 되는 것은 8가지(1+5+9, 1+6+8, 2+4+9, 2+5+8,
2+6+7, 3+4+8, 3+5+7, 4+5+6)가 있다. 또한, 3×3 마방진은 8개
의 열이 있다. 따라서, 합이 15가 되는 각 조합은 8개의 열에 1:1
로 대응되어야 한다. e는 합이 15가 되는 8가지 조합 중 4가지 조
합에서 포함되어야 하고(b+e+h, d+e+f, a+e+i, c+e+g) a, c, g, i는
각각 3가지, b, d, f, h는 각각 2가지 조합에서 포함되어야 한다.
따라서, e=5 이고 a, c, g, i는 짝수, b, d, f, h는 홀수이다. 이 조건
을 만족하는 8가지 모두 회전 또는 대칭으로 같다.

Melencolia

Melencolia라는 제목의 판화작품에는 아래와 같은 4×4 마방진이 그려져 있는데, 이 마방진은 재미있는 성질을 가지고 있다. 즉, 가로, 세로, 대각의 합이 모두 34로 같을 뿐만 아니라 각 칸을 점으로 볼 때 정사각형의 꼭지점에 위치한 숫자들의 합이 34인 정사각형이 여러 개 있다. 그러한 정사각형은 몇 개인가?

16	3	2	13
5	10	11	8
9	6	7	12
4	15	14	1

▸ ▸ ▸

PUZZLE

해 설

12개

16-3-10-5	2-13-8-11	10-11-7-6
9-6-15-4	7-12-1-14	16-2-7-9
3-13-12-6	5-11-14-4	10-8-1-15
3-8-14-9	2-12-15-5	16-13-1-4

숫자바꾸기

어느 두 수도 같은 가로열이나 세로열에 있지 않도록 ①은 4개의 수를 택했을 때 ②는 5개의 수를 택했을 때 그 합이 항상 26이 되기 위해서는 어느 한 숫자를 지우고 다른 숫자를 써 넣어야 한다. 그 숫자를 찾으시오.

①

6	5	7	10
4	3	5	8
3	4	6	9
7	6	8	11

②

6	5	4	9	7
3	2	1	6	4
4	3	2	7	5
7	6	5	10	4
5	4	3	8	6

• • •

61

 해설

어떤 2×2 안에 있는 네 수 a, b, c, d에 대해서도
a+d=b+c가 되어야 한다.

a	b
c	d

①

6	5	7	10
4	3	5	8
③	4	6	9
7	6	8	11

②

6	5	4	9	7
3	2	1	6	4
4	3	2	7	5
7	6	5	10	④
5	4	3	8	6

30th 1~5

어느 가로열이나 세로열에도 같은 숫자가 없다. 가장 작은 수는 1
이고, 가장 큰 수는 5이다. 밑줄에 쓰인 숫자는 그 세로열에 있는
숫자들의 합이다. 나머지 빈칸을 채우시오.

	5	1		
			3	
4				2
10	11	12	13	14

31th 1~7

첫번째 세로열을 제외한 어느 가로열과 세로열에도 같은 숫자가 없
다. 가장 작은 숫자는 1이고, 가장 큰 숫자는 7이다. 밑에 쓰인 숫자
는 그 세로열에 있는 숫자들의 합이다. 나머지 빈칸을 채우시오.

	3					
5				7		
16	14	18	7	11	12	6

 해 설

A=2 이면 B+C=8 이어야 하는데, 1, 4, 5 중 어떻게 두 수를 택해도 합이 8이 될 수 없다. 따라서, D=2 이다. E=3, A=4. 10=1+2+3+4 이므로 F=3, G=1. 11= 1+2+3+5 이므로 H=2, I=1, J=3. 나머지도 각 열에 없 는 수를 찾는 것으로 구할 수 있다.

F	I		B	
D	5	1	A	E
G	H		3	
4	J		C	2

3	1	2	5	4
2	5	1	4	3
1	2	4	3	5
4	3	5	1	2

11=7+4=7+1+3 이므로 A=1, B=3. 6=1+2+3 이므로 C=2, D=3, E=1. 7=1+2+4 이므로 F=4, G=2, H=1. 18=5+6+7 이므로 I=6. J=2 이면 14-2-3=9=L 이므로 J=4. 따라서, K=2, L=7, M=7, N=5. O+P=10=4+6 이므로 O=6, P=4. 따라서, Q=5, R=6.

Q	3	M	F	A	O	C
5	J	I	H	7	K	D
R	L	N	G	B	P	E
16	14	18	7	11	12	6

5	3	7	4	1	6	2
5	4	6	1	7	2	3
6	7	5	2	3	4	1

아래 빈칸에 두 조건 A와 B를 만족하도록 ①은 1에서 12까지의 수 중 빠진 수를 ②는 1에서 15까지의 수 중 빠진 수를 ③은 1에서 18까지의 수 중 빠진 수를 넣으시오.

A. 어떤 세로열의 합도 같다.

B. 어떤 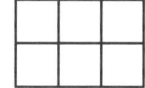의 합도 같다.

①

6	5	
		12
3		
	8	9

②

4		15
	6	
13		3
	1	
12		10

③

8		12
	16	
9		13
	6	
4		2
	14	

▶ ▶ ▶

 해설

①

6	5	4
10	2	12
3	11	1
7	8	9

②

4	11	15
2	6	7
13	14	3
9	1	5
12	8	10

③

8	3	12
11	16	7
9	1	13
10	6	18
4	17	2
15	14	5

▸ ▸ ▸

아래 9개의 작은 삼각형에 1에서 9까지의 수 중 빠진 수를 넣어

어떤 안의 수의 합도 23이 되도록 하시오. (2가지)

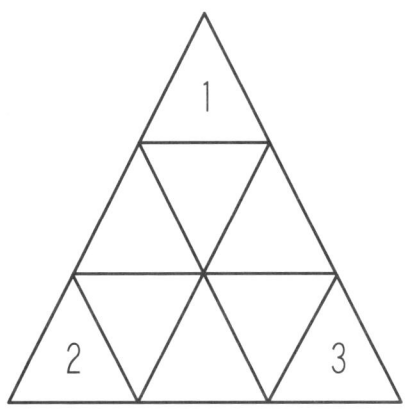

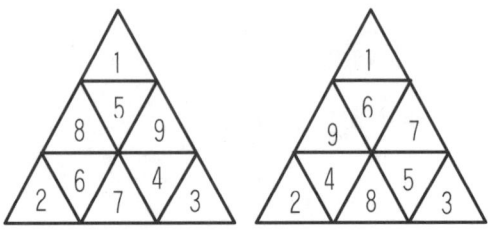

1+A+B+C=23이므로 A+B+C=22이다. 4, 5, 6, 7, 8, 9 중에서 세 수를 택해서 더한 값이 22가 되는 경우는 5+8+9와 6+7+9 두 가지이다. 세 수가 5, 8, 9일 때 A=5 라면 2+5+D+E=23에서 D+E=16인데, 4, 6, 7 중 어떻게 두 수를 택해서 더해도 16이 될 수 없다. A=8이라면 D+E=13 이므로 D와 E 중 하나는 6, 다른 하나는 7이고 F=4이다. D=6, F=7이라면 C=9, B=5이다. D=7, F=6 이라면 C가 될 수 있는 수가 없다. A=9라면 D+E=12에서 D와 E가 될 수 있는 수가 없다. 이상을 정리하면 A=8, B=5, C=9, D=6, E=7, F=4이다. 비슷한 방법으로 세 수가 6, 7, 9일 때도 생각해보면 A=9, B=6, C=7, D=4, E=8, F=5가 됨을 알 수 있다.

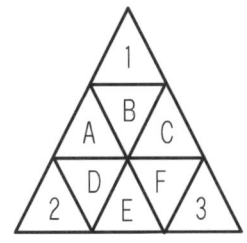

▶ ▶ ▶

수의 합 1

보기처럼 세 원에 적힌 수의 합이 삼각형 안의 수와 같도록 각 원에 1에서 6까지의 수를 넣으시오. (2가지)

[보기]

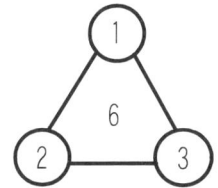

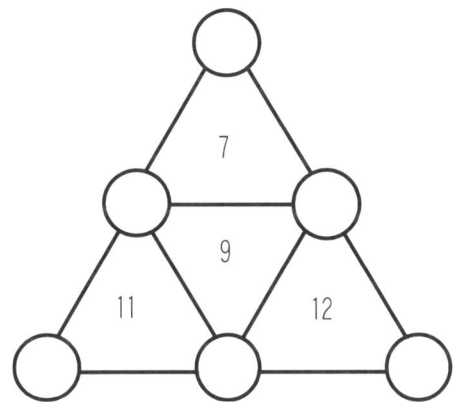

해설

합이 7이 되는 세 수는 1, 2, 4뿐이다. 세 원에 1, 2, 4가 들어가는 방법은 6가지가 있다. 각각의 경우에 대해 가능한 답을 찾는다.

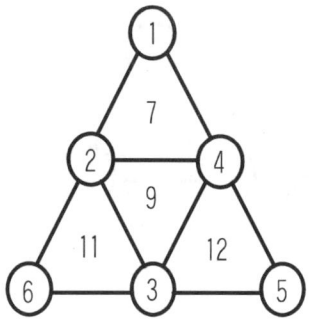

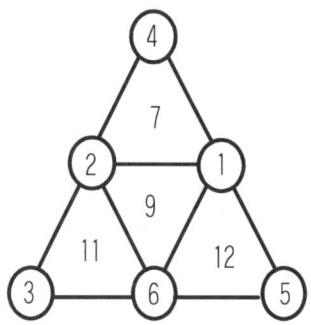

수의 합 2

각 원에 1부터 10까지의 수를 넣어 직선상에 있는 세 원에 적힌 수의 합이 모두 같도록 하시오. (6가지)

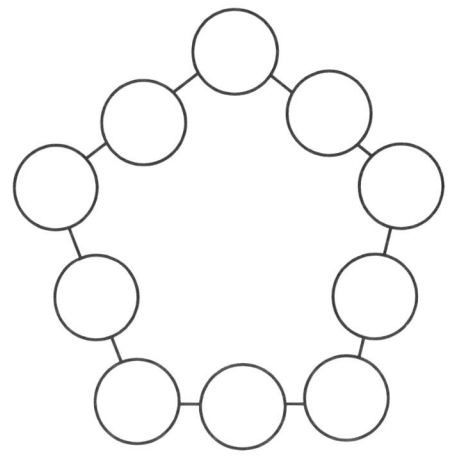

해설

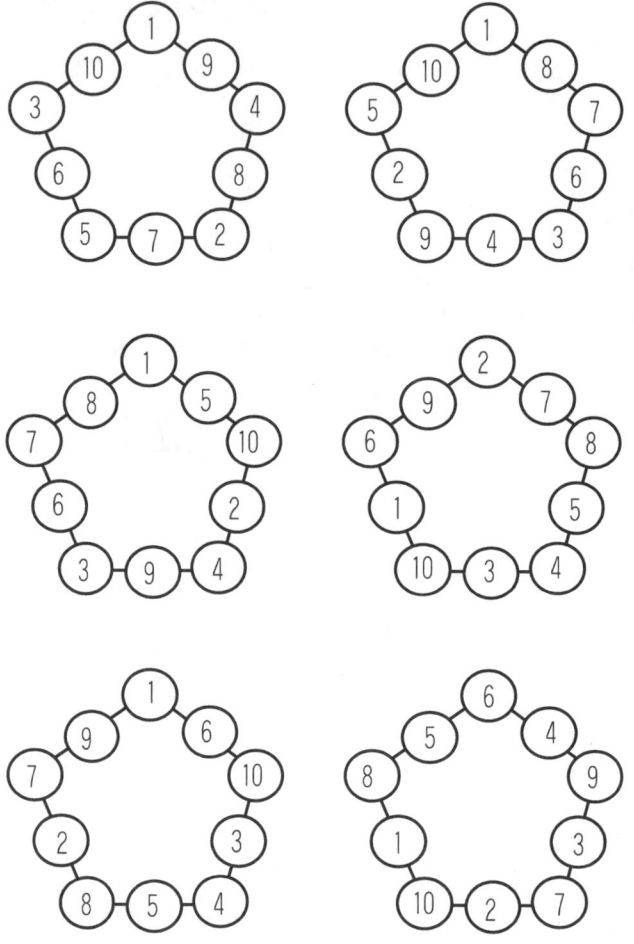

72

별

아래 별에는 삼각형이 5개가 있고 각 삼각형에는 3개의 원이 있다. 1부터 10까지의 수가 하나씩 있도록 나머지 원에 빠진 수를 넣어 각각의 삼각형에 있는 3개의 원 안에 적힌 숫자의 합이 모두 같도록 하시오.

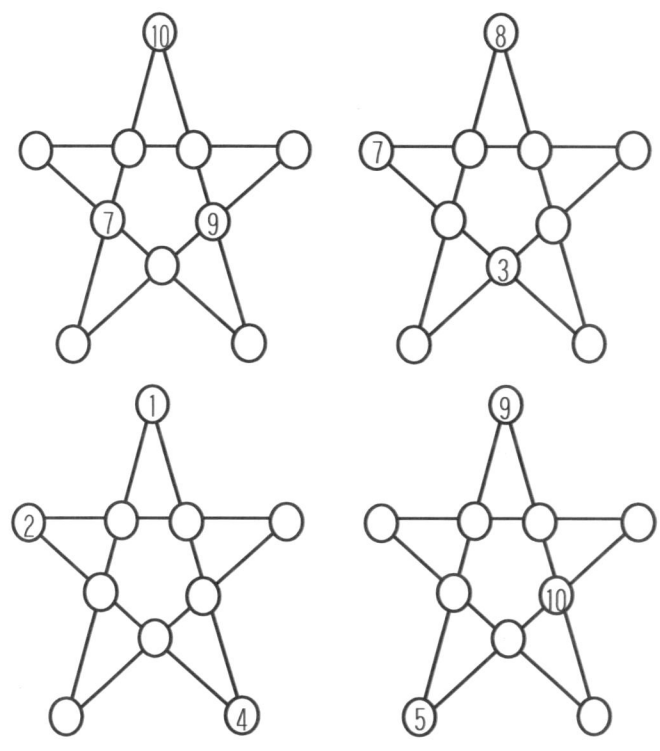

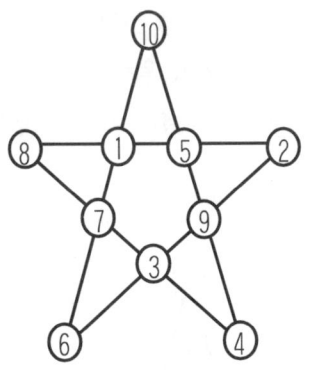

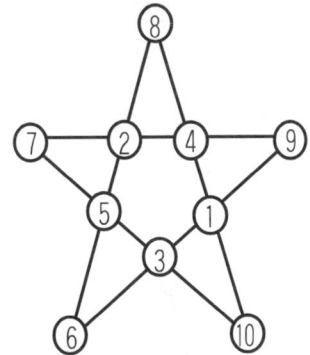

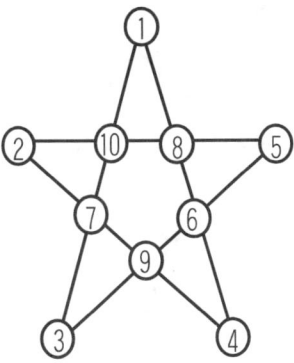

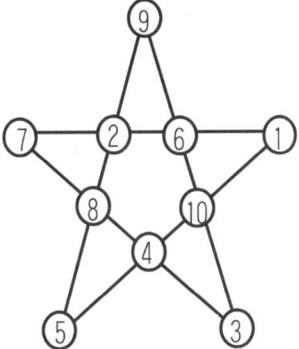

연속수가 아니다

그림에 있는 8개의 원에 1부터 8까지의 수를 넣는데 직선으로 이어진 두 원에 적힌 수의 차가 1이 되지 않도록 하시오.

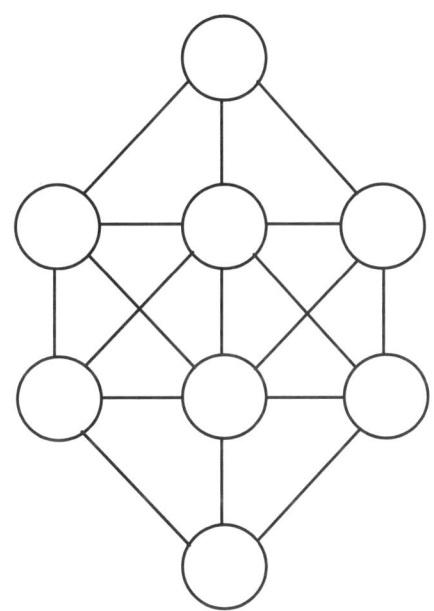

 해 설

A와 B는 1 또는 8만이 될 수 있다. 왜냐하면 A와 B가 적힌 원은 나머지 7개의 원 중 6개의 원과 직선으로 이어져 있고, 1과 8은 차가 1인 수가 각각 1개씩이지만 2부터 7까지의 수는 차가 1인 수가 각각 2개씩이기 때문이다. A=1이면 B=8, C=2, D=7이 되어야 한다. C=2일 때 3은 E 또는 F가 되어야 한다. E=3일 때 G는 E와 인접하고, H=4이면 F가 5도 6도 될 수 없으므로 F=4이다. G=5, H=6. A=8일 때는 위에서 구한 답과 상하대칭이고, F=3일 때는 좌우대칭이다.

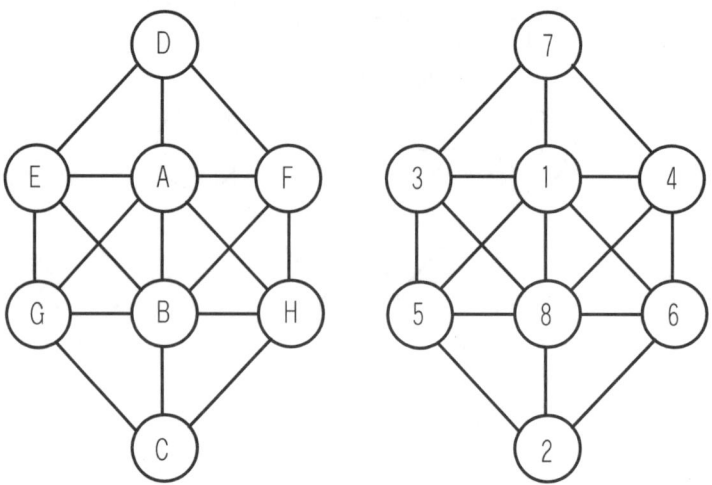

38th 합이 서로 다르다

1에서 9까지의 수가 하나씩 있도록 각 원에 빠진 수를 넣어 직선으로 이어진 어느 두 원에 적힌 수의 합도 다르도록 하시오.

HINT 1에서 9까지의 수 중 두 수를 택해서 만들 수 있는 합이 모두 있다.

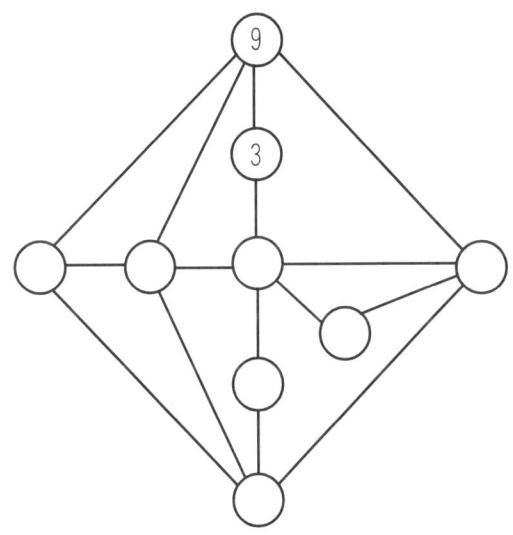

직선이 15개이고, 1부터 9까지의 수 중 두 수를 택해서 만들 수 있는 합은 가장 작은 수가 3(1+2), 가장 큰 수가 17(8+9) 이므로 인접한 원에 적힌 수의 합이 3부터 17까지 꼭 한번씩 있어야 한다. 합이 4이려면 두 수는 1과 3이어야 하므로 C=1이다. 17이 되는 수는 8과 9, 16이 되는 수는 7과 9 이므로 A, B, D 중 두 수는 7과 8이다. G는 2 또는 4가 될 수 없다. 왜냐하면 2 또는 4는 합이 3과 5가 되기 위해서 1과 인접한 원에 들어가야 하기 때문이다. G가 5라면 합이 6이 되기 위해서는 2와 4가 인접해야 하므로 D=2, E=4이다. (왜냐하면 A, B, D 중 두 수는 7과 8이고, D=4이면 8+5=9+4이기 때문이다.) 그러면 F=6 이므로 5+6=9+2가 된다. 모순! 따라서, G=6이다. 합이 15가 되기 위해서 A와 B 중 하나는 7, 다른 하나는 8이 되어야 한다. D는 5가 될 수 없고(왜냐하면 6+8=9+5 이기 때문이다.), 4도 될 수 없다. (왜냐하면 6+7=9+4 이기 때문이다.) 따라서, D=2, E=5, F=4, B=8, A=7.

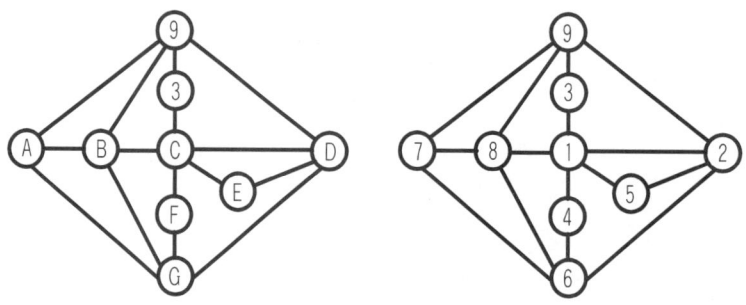

5의 배수가 아니다

아래 빈칸에 5에서 9까지의 수를 넣어 가로, 세로, 대각으로 인접한 어느 두 수의 합도 5의 배수가 되지 않도록 하시오.

	1	3
2		
	4	

해 설

B는 모든 수와 인접하므로 B가 될 수 있는 수는 5뿐이다.
C, D, E는 4와 인접하므로 6은 A가 되어야 한다. C는 1, 3
과 인접하므로 8이 되어야 한다. 7은 8과 인접할 수 없으
므로 D가 되어야 한다. 따라서, E=9이다.

A	1	3
2	B	C
D	4	E

6	1	3
2	5	8
7	4	9

 숫자퀴즈

숫자퀴즈이다. 가로열쇠와 세로열쇠가 섞여 있어도 답을 찾을 수 있다. 빈칸을 채우시오.

19	256	2992
42	261	4731
47	789	8234
76	839	8575
	864	
	917	

8	2	3	4		1
	5		7	8	9
8	6	4		3	
5		2	9	9	2
7	6		1		6
5		4	7	3	1

688886

688886은 3개의 숫자를 일렬로 적어놓은 것이다. 그 중 한 숫자는 나머지 두 수의 곱이다. 각각 어떤 수인가?

24232324242

24232324242는 A, B, C, D 네 개의 숫자를 임의로 순서를 정해서 일렬로 적어놓은 것이다. 그 중 한 숫자는 나머지 세 수의 곱이다. 또한 A는 B의 끝수이고, B의 시작수는 C의 시작수이면서 끝수이다. 각각 어떤 수인가?

 해설

688 8 86

24 23232 4 242

36, 48, 108

세 자연수가 있다. 세 수 중 두수씩을 곱한 값이 각각 36, 48, 108
이다. 세 수 중 가장 작은 수는?

배 수

0에서 9까지의 수를 한번씩만 나열하여 만들 수 있는 10자리 자
연수 중 가장 큰 2의 배수이면서 동시에 3의 배수, …, 9의 배수,
10의 배수인 수는? 예를 들어 9876543210은 2, 3, 5, 6, 9, 10의
배수이지만 4, 7, 8의 배수는 아니다.

서로소

3과 5, 3과 7, 5와 7은 각각 서로소이다. 이와 같이 연속한 세 홀
수는 둘씩 서로소임을 증명하시오.

 해설

4
세 자연수를 A, B, C (A > B > C)라 하면 A×B=36, A×C=48, B×C=108 이므로 $(A×B×C)^2$=36×48×108 에서 A×B×C=$2^4×3^3$이다. 따라서, A=(A×B×C)/(B×C) = $(2^4×3^3)/(2^2×3^3)$=4 이다.

9876351240
십의 배수이므로 일의 자리수는 0이다. 일의 자리수가 0인 수는 2, 5의 배수이기도 하다. 0부터 9까지의 합이 45, 즉 9의 배수이고 일의 자리수가 0인 수는 3, 6, 9의 배수이다. 왜냐하면 ABCDEFGHI0 = $(A×10^8+B×10^7+C×10^6+D×10^5+E×10^4+F×10^3+G×10^2+H×10+I)×10$ = (A×99999999+B×9999999+C×999999+D×99999+E×9999+F×999+G×99+H×9+I+A+B+C+D+E+F+G+H)×10 이기 때문이다. 4의 배수는 끝의 두자리수가 4의 배수이면 된다. 왜냐하면 N×100+AB=N×25×4+AB 이기 때문이다. 8의 배수는 끝의 세자리수가 8의 배수이면 된다. 왜냐하면 N×1000+ABC=N×125×8+ABC 이기 때문이다. 가장 큰 수부터 조건을 만족하는지 확인한다.

두 홀수 a와 a+2가 공약수 k를 갖는다면 a/k는 자연수이므로 (a+2)/k=a/k+2/k에서 2/k가 자연수이어야 한다. 모순! 같은 방법으로 차가 4인 두 홀수도 공약수가 없음을 증명할 수 있다.

Steinhaus Cyclus

"145, 42, 20, 4, 16, 37, 58, 89, 145, 42, …"를 Steinhaus Cyclus 라고 한다. Hugo Steinhaus는 1968년 자신의 책에서 모든 네 자리 자연수는 다음과 같은 성질이 있음을 증명했다.

"네 자리 자연수 abcd의 각 자리수의 제곱을 더한다. $(a^2+b^2+c^2+d^2)$ 그 결과값의 각 자리수의 제곱을 더한다. 반복한다. 결국 1이 되거나 145, 42, 20, 4, 16, 37, 58, 89, 145, 42, …가 된다."

예1) 5555, 100($5^2+5^2+5^2+5^2$), 1($1^2+0^2+0^2$), 1, …

예2) 3571, 84($3^2+5^2+7^2+1^2$), 80(8^2+4^2), 16(8^2+0^2), 37(1^2+6^2), …

카프레카 수

6174를 '카프레카 수'라고 한다. 인도의 수학자 D. R. Kaprekar는 1949년에 숫자 6174가 다음과 같은 성질을 가지고 있음을 발견했다. 각 자리수의 값이 모두 다른 네자리 자연수를 적는다. 각 자리수의 값을 큰 순서대로 적은 수 ABCD(A〉B〉C〉D)에서 작은 순서대로 적은 수 DCBA를 뺀다. 그 결과값이 6174가 아니면 다시 큰 순서대로 적은 수에서 작은 순서대로 적은 수를 뺀다. 반복한다. 많아야 7번 반복하면 6174가 된다. 예를들어 6714는 한번에 6174가 되고, 5627은 7번만에 6174가 된다.

6714 : ① 7641-1467=6174.
5627 : ① 7652-2567=5085
② 8550-0558=7992
③ 9972-2799=7173
④ 7731-1377=6354
⑤ 6543-3456=3087
⑥ 8730-0378=8352
⑦ 8532-2358=6174

▸ ▸ ▸

1089

① abc는 각 자리수가 모두 다른 세자리 자연수이다. def는 abc와
  cba 중 큰 수에서 작은 수를 뺀 값이다. def와 fed를 더하면
  1089가 된다.

  예) 345, 543-345=198, 198+891=1089.

② abcd는 각 자리수가 모두 다른 네자리 자연수이다. efgh는
  abcd와 dcba 중 큰 수에서 작은 수를 뺀 값이다. efgh와 hgfe
  를 더하면 10890이 된다.

  예) 7624, 7624-4267=3357, 3357+7533=10890.

※ 위의 과정을 각 자리수가 모두 다른 다섯자리 자연수에 대해서
  하면 109890이 되고, 여섯자리 자연수는 1098900, 일곱자리
  자연수는 10998900, 여덟자리 자연수는 109989000이 된다.

222

서로 다른 세 자연수 a, b, c를 나열하여 만들 수 있는 세자리 자연수를 모두 더한 값은 (a+b+c)에 222를 곱한 값이다.

예) 2, 4, 8 : 248+284+428+482+824+842=3108=
   222×(2+4+8)

증명) abc+acb+bac+bca+cab+cba=100×(2a+2b+2c)+10×
   (2a+2b+2c)+2a+2b+2c
   =200×(a+b+c)+20×(a+b+c)+2×(a+b+c)=222×(a+b+c)

※ 같은 방법으로 서로 다른 네 자연수 a, b, c, d를 나열하여 만들 수 있는 네자리 자연수를 모두 더한 값은 6666×(a+b+c+d)가 됨을 증명할 수 있다.

예) 서로 다른 네 자연수 1, 2, 3, 4를 나열하여 만들 수 있는 네자리 자연수를 모두 더한 값은 6666×(1+2+3+4)이다.

▸ ▸ ▸

100만들기 1

.1.2.3.4.5.6.7.8.9=100에 있는 모든 '.'을 지우거나 '+'로 바꾸거나 '-'로 바꿀 때 등식이 성립하는 것은 다음과 같은 12가지가 있다.

1+2+34-5+67-8+9=100   12+3-4+5+67+8+9=100

123-4-5-6-7+8-9=100   123+4-5+67-89=100

123+45-67+8-9=100   123-45-67+89=100

12-3-4+5-6+7+89=100   12+3+4+5-6-7+89=100

1+23-4+5+6+78-9=100   1+23-4+56+7+8+9=100

1+2+3-4+5+6+78+9=100   -1+2-3+4+5+6+78+9=100

91

100만들기 2

.9.8.7.6.5.4.3.2.1=100에 있는 모든 '.'을 지우거나 '+'로 바꾸거나
'-'로 바꿀 때 등식이 성립하는 것은 다음과 같은 18가지가 있다.

98-76+54+3+21=100   9-8+76+54-32+1=100

98+7+6-5-4-3+2-1=100   98-7-6-5-4+3+21=100

9-8+76-5+4+3+21=100   98-7+6+5+4-3-2-1=100

98+7-6+5-4+3-2-1=100   98+7-6+5-4-3+2+1=100

98-7+6+5-4+3-2+1=100   98-7+6-5+4+3+2-1=100

98+7-6-5+4+3-2+1=100   98-7-6+5+4+3+2+1=100

9+8+76+5+4-3+2-1=100   9+8+76+5-4+3+2+1=100

9-8+7+65-4+32-1=100   -9+8+76+5-4+3+21=100

-9+8+7+65-4+32+1=100   -9-8+76-5+43+2+1=100

52th 1만들기

.1.2.3.4.5.6.7.8.9=1에 있는 모든 '.'를 지우거나 '+'로 바꾸거나 '-'로 바꿀 때 등식이 성립하는 것은 다음과 같은 69가지가 있다.

1-2 3+4 5+6 7-8 9=1   +1-2 3+4 5+6 7-8 9=1

1+2 3+4-5+6 7-8 9=1   +1+2 3+4-5+6 7-8 9=1

-1+2 3-4+5+6 7-8 9=1   1+2 3-4 5-6 7+8 9=1

+1+2 3-4 5-6 7+8 9=1   1-2 3-4+5-6 7+8 9=1

+1-2 3-4+5-6 7+8 9=1   1-2-3-4 5+6 7-8-9=1

+1-2-3-4 5+6 7-8-9=1   1+2-3 4+5 6-7-8-9=1

+1+2-3 4+5 6-7-8-9=1   -1+2 3+4+5-6-7-8-9=1

-1 2+3 4-5-6+7-8-9=1   1+2+3+4-5+6+7-8-9=1

+1+2+3+4-5+6+7-8-9=1   -1+2+3-4+5+6+7-8-9=1

1-2-3+4+5+6+7-8-9=1   +1-2-3+4+5+6+7-8-9=1

1+2 3+4 5-6 7+8-9=1   +1+2 3+4 5-6 7+8-9=1

1+2 3-4-5-6-7+8-9=1   +1+2 3-4-5-6-7+8-9=1

1+2+3+4+5-6-7+8-9=1   +1+2+3+4+5-6-7+8-9=1

-1+2+3+4-5+6-7+8-9=1   1-2+3-4+5+6-7+8-9=1

+1-2+3-4+5+6-7+8-9=1   -1-2-3+4+5+6-7+8-9=1

$$1-2+3+4-5-6+7+8-9=1$$
$$1+2-3-4+5-6+7+8-9=1$$
$$-1-2+3-4+5-6+7+8-9=1$$
$$-1+2\ 3+4\ 5-6\ 7-8+9=1$$
$$+1-2\ 3-4\ 5+6\ 7-8+9=1$$
$$-1+2+3+4+5-6-7-8+9=1$$
$$+1-2+3+4-5+6-7-8+9=1$$
$$+1+2-3-4+5+6-7-8+9=1$$
$$1+2-3+4-5-6+7-8+9=1$$
$$-1-2+3+4-5-6+7-8+9=1$$
$$1-2-3-4-5+6+7-8+9=1$$
$$1-2\ 3+4+5+6+7-8+9=1$$
$$1+2+3+4\ 5-6\ 7+8+9=1$$
$$1\ 2+3\ 4+5-6\ 7+8+9=1$$
$$1+2+3-4-5-6-7+8+9=1$$
$$-1+2-3+4-5-6-7+8+9=1$$
$$+1-2-3-4+5-6-7+8+9=1$$
$$-1-2\ 3+4+5+6-7+8+9=1$$
$$+1-2+3\ 4-5\ 6+7+8+9=1$$
$$+1\ 2-3\ 4+5-6+7+8+9=1$$

$$+1-2+3+4-5-6+7+8-9=1$$
$$+1+2-3-4+5-6+7+8-9=1$$
$$-1+2-3-4-5+6+7+8-9=1$$
$$1-2\ 3-4\ 5+6\ 7-8+9=1$$
$$-1+2\ 3-4-5-6-7-8+9=1$$
$$1-2+3+4-5+6-7-8+9=1$$
$$1+2-3-4+5+6-7-8+9=1$$
$$-1-2+3-4+5+6-7-8+9=1$$
$$+1+2-3+4-5-6+7-8+9=1$$
$$-1+2-3-4+5-6+7-8+9=1$$
$$+1-2-3-4-5+6+7-8+9=1$$
$$+1-2\ 3+4+5+6+7-8+9=1$$
$$+1+2+3+4\ 5-6\ 7+8+9=1$$
$$+1\ 2+3\ 4+5-6\ 7+8+9=1$$
$$+1+2+3-4-5-6-7+8+9=1$$
$$1-2-3-4+5-6-7+8+9=1$$
$$-1-2-3-4-5+6-7+8+9=1$$
$$1-2+3\ 4-5\ 6+7+8+9=1$$
$$1\ 2-3\ 4+5-6+7+8+9=1$$

미지수

다음 식을 만족하는 미지수 A, B, C, D, E를 찾으시오. 같은 문자는 같은 숫자, 다른 문자는 다른 숫자를 나타낸다.

① ABC1-1ABC=783

② ABCD×E=12345

③ 30=A+B+C+AD-(1/A+1/B+1/C+1/AD)

동시에

다음 두 복면산을 동시에 만족시키는 미지수 A, B, C, D, E, F를 찾으시오. 같은 문자는 같은 숫자, 다른 문자는 다른 숫자를 나타낸다.

ABCDEF×F=FABCDE   C+F=E

해설

① ABC = 198   ② ABCDE = 24695   ③ ABCD = 2450

① C, B, A 순으로 구한다.

② ABCD×E = 12345는 12345÷E = ABCD로 나타낼 수 있다.
   E의 값에 1부터 9까지의 수를 넣어 식을 만족하는 값을
   찾는다.

③ 1/A = 1/(A+1) + 1/A(A+1)을 이용한다.

ABCDEF = 102564

55th SEND MORE MONEY

다음 식을 만족하는 미지수를 찾으시오. 같은 문자는 같은 숫자, 다른 문자는 다른 숫자를 나타낸다. 이 문제는 H. E. Dudeney가 1924년에 발표한 문제이다.

$$
\begin{array}{r}
\text{SEND} \\
+\ \text{MORE} \\
\hline
\text{MONEY}
\end{array}
$$

 해설

M, O, S, R, D, E, N, Y 순으로 찾는다.

$$9567$$
$$+ 1085$$
$$\overline{10652}$$

56th 1~9

아래 원에 1에서 9까지의 수 중 빠진 수를 넣어 등식이 성립하도록 하시오.

① 1◯◯3 × ◯ = ◯◯◯2

② ◯5◯ × ◯◯ = 4◯6

③ ◯97 × ◯8 = ◯◯◯◯

57th 가감승제

아래 원에 1에서 9까지의 수와 +, -, ×, ÷ 중 빠진 수 또는 기호를 넣어 식이 성립하도록 하시오.

3◯7◯6◯ ÷ ◯ = ◯9◯2◯

① $1963 \times 4 = 7852$

② $157 \times 28 = 4396$

③ $297 \times 18 = 5346$

① $1AB3 \times C = DEF2$라 할 때 C, B, F, A, E, D 순으로 찾는다.

② $A5B \times CD = 4EF6$라 할 때 4EF6 이므로 (B, D)는 다음 6가지 중에 있다. (2, 3), (3, 2), (2, 8), (8, 2), (7, 8), (8, 7). 각각에 대해 나머지 숫자 4개 중 C가 될 수 있는 수를 찾는다.

③ $A97 \times B8 = CDEF$라 할 때 $7 \times 8 = 56$ 이므로 F = 6이다. 나머지 숫자 5개 중 B가 될 수 있는 수를 찾는다.

$3 \times 7 + 68 \div 4 = 59 - 21$

빠진 수와 기호는 1, 4, 5, 8, +, -, ×이다. 화살표한 원에는 숫자가 들어가고 나머지 원에는 기호가 들어간다. 3개의 원에 +, -, ×이 들어갈 수 있는 방법은 6가지가 있다. 각각에 대해 식을 만족하는 값을 찾는다.

$$3\bigcirc7\bigcirc6\bigcirc \div \bigcirc = \bigcirc9\bigcirc2\bigcirc$$

0, 2, 4, 6, 8, +

숫자 0, 2, 4, 6, 8과 기호 +를 사용하여 1, 2, 3, 4, 5, 6, 7, 8, 9를 만드시오.

1, 3, 5, 7, 9, +, -

숫자 1, 3, 5, 7, 9와 기호 +, -를 사용하여 11, 22, 33, 44, 55, 66, 77, 88, 99를 만드시오.

8이 8개

숫자 8 여덟개와 +, -, ×, ÷ 를 사용하여 1000을 만드는 방법은 아래의 방법 외에도 여러 가지가 있다. 어떻게 하면 될까?

$$888+88+8+8+8$$

$$(8888-888)/8$$

$2468^0 = 1$, $2 + 0^{468} = 2$, $2 + 468^0 = 3$, $4 + 0^{268} = 4$,
$4 + 268^0 = 5$, $6 + 0^{248} = 6$, $6 + 248^0 = 7$, $8 + 0^{246} = 8$,
$8 + 246^0 = 9$.

$1 + 3 + 5 + 9 - 7 = 11$, $1^3 + 5 + 7 + 9 = 22$, $35 - 9 + 7^1 = 33$,
$57 - 1 - 3 - 9 = 44$, $53 + 9 - 7^1 = 55$, $57 + 9^1 = 66$, $79 - 5 + 3^1 = 77$,
$75 + 1 + 3 + 9 = 88$, $97 + 5 - 3^1 = 99$

$888 + (888 + 8)/8$ $(8 + 8)(8 \times 8 \times 8 - 8)/8 - 8$
$[8 + (8 + 8)/8]^{(8+8+8)/8}$

다음은 박부성님이 찾아주신 답입니다.
$888 + (8 + 8) \times 8 - 8 - 8$ $[(8 + 8) \times 8 - (8 + 8 + 8)/8] \times 8$
$[(88 - 8)/8]^{(8+8+8)/8}$

$8 \times (8 \times 8 + 8 \times 8) - (8 + 8 + 8)$은 ID가 400R인 분이 찾아주신
답입니다.

Henry Ernest Dudeny

①~⑤ 각각을 1부터 9까지의 수를 하나씩 넣어 식이 성립하도록
하시오.

※ ①은 영국의 유명한 퍼즐리스트 Henry Ernest Dudeny (1857-
1930)의 문제이다.

①
$$
\begin{array}{r}
\bigcirc\bigcirc \\
\times \quad \bigcirc \\
\hline
\bigcirc\bigcirc \\
+ \ \bigcirc\bigcirc \\
\hline
\bigcirc\bigcirc
\end{array}
$$

②
$$
\begin{array}{r}
\bigcirc \\
\bigcirc \\
\bigcirc \\
\bigcirc \\
\bigcirc \\
\bigcirc \\
+ \quad \bigcirc \\
\hline
\bigcirc\bigcirc
\end{array}
$$

③
$$
\begin{array}{r}
\bigcirc\bigcirc \\
\bigcirc\bigcirc \\
+ \ \bigcirc\bigcirc \\
\hline
\bigcirc\bigcirc \\
+ \quad \bigcirc \\
\hline
1\ 0\ 0
\end{array}
$$

④
$$\bigcirc - \bigcirc = \bigcirc$$
$$\times$$
$$\bigcirc \div \bigcirc = \bigcirc$$
$$=$$
$$\bigcirc + \bigcirc = \bigcirc$$

⑤
$$\bigcirc + \bigcirc = \bigcirc$$
$$\div$$
$$\bigcirc - \bigcirc = \bigcirc$$
$$=$$
$$\bigcirc = \bigcirc \times \bigcirc$$

· · ·

103

해설

①
```
    ①⑦
  ×  ④
    ⑥⑧
  + ②⑤
    ⑨③
```

②
```
      ①
      ②
      ④
      ⑤
      ⑦
      ⑧
  +   ⑨
    ③⑥
```

③
```
      ①⑤
      ③⑥
  +   ④⑦
      ⑨⑧
  +    ②
    1 0 0
```

④
$$⑨ - ⑤ = ④$$
$$×$$
$$⑥ ÷ ③ = ②$$
$$=$$
$$① + ⑦ = ⑧$$

⑤
$$① + ⑦ = ⑧$$
$$÷$$
$$⑨ - ⑤ = ④$$
$$=$$
$$⑥ = ③ × ②$$

1111

다음은 Henry Ernest Dudeney의 문제에 기초한 것이다.

① 5개의 숫자를 0으로 바꾸어 1111이 되도록 하시오.
② 6개의 숫자를 0으로 바꾸어 1111이 되도록 하시오.
③ 7개의 숫자를 0으로 바꾸어 1111이 되도록 하시오.
④ 8개의 숫자를 0으로 바꾸어 1111이 되도록 하시오.
⑤ 9개의 숫자를 0으로 바꾸어 1111이 되도록 하시오.
⑥ 10개의 숫자를 0으로 바꾸어 1111이 되도록 하시오.
※ 4개 이하, 11개 이상을 바꾸는 것은 불가능하다.

$$
\begin{array}{r}
111 \\
333 \\
555 \\
777 \\
+\ 999 \\
\hline
1111
\end{array}
$$

 해 설

①
```
  111
  333
  500
  077
 +090
 1111
```
②
```
  100
  330
  505
  077
 +099
 1111
```
③
```
  010        110
  330        030
  055        055
  707        007
 +009       +909
 1111       1111
```

④
```
  101    111    101    011    001    000
  300    003    033    303    333    030
  550    000    000    000    000    005
  070    007    077    707    777    077
 +090   +990   +900   +090   +000   +999
 1111   1111   1111   1111   1111   1111
```

⑤
```
  100    111
  000    030
  005    000
  007    070
 +999   +900
 1111   1111
```

⑥
```
  111
  300
  000
  700
 +000
 1111
```

PUZZLE

도
형

63th P형 Pentomino

아래 도형은 정사각형 5개를 붙여서 만든 도형이다.

※ 이와 같은 도형을 Pentomino라고 하는데 12가지가 있다.

① 같은 모양 같은 크기로 3조각 내시오.

② 같은 모양 같은 크기로 4조각 내시오. 이때 나누어진 도형은 아래 도형과 모양이 같도록 하시오.(2가지) ※ 이와 같은 도형을 Reptile이라 한다.

③ 3개로 조각내어 정사각형이 되도록 맞추시오. 조각들은 모양이나 크기가 같을 필요는 없다. ※ 일반적으로 두 개의 정사각형을 붙여서 만들어진 도형은 3개로 조각내어 정사각형이 되도록 맞출 수 있다.

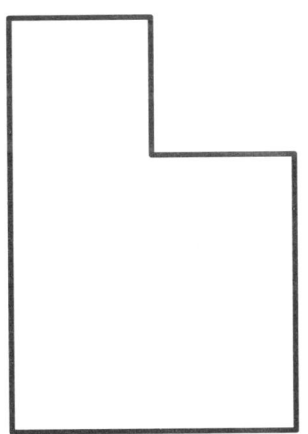

 해설

①

②

③

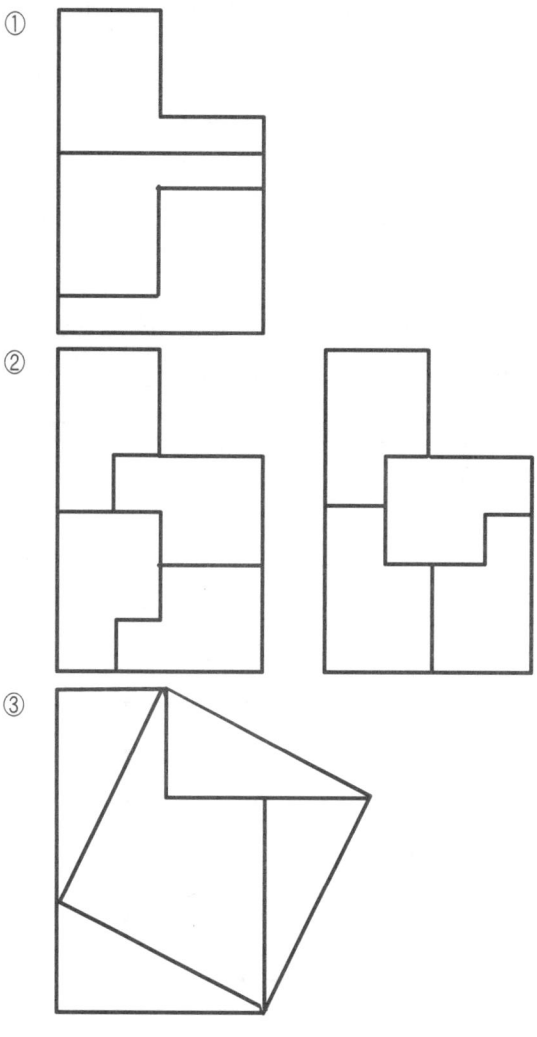

정사각형 만들기 1

다음 도형들을 각각 3조각 내어 나누어진 조각들로 정사각형을 만드시오.

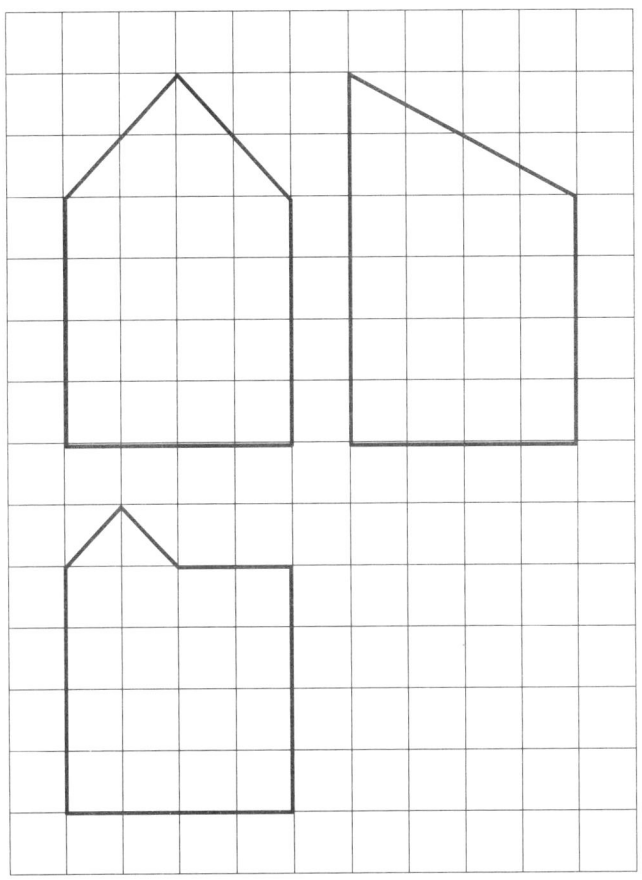

· · ·
111

 해설

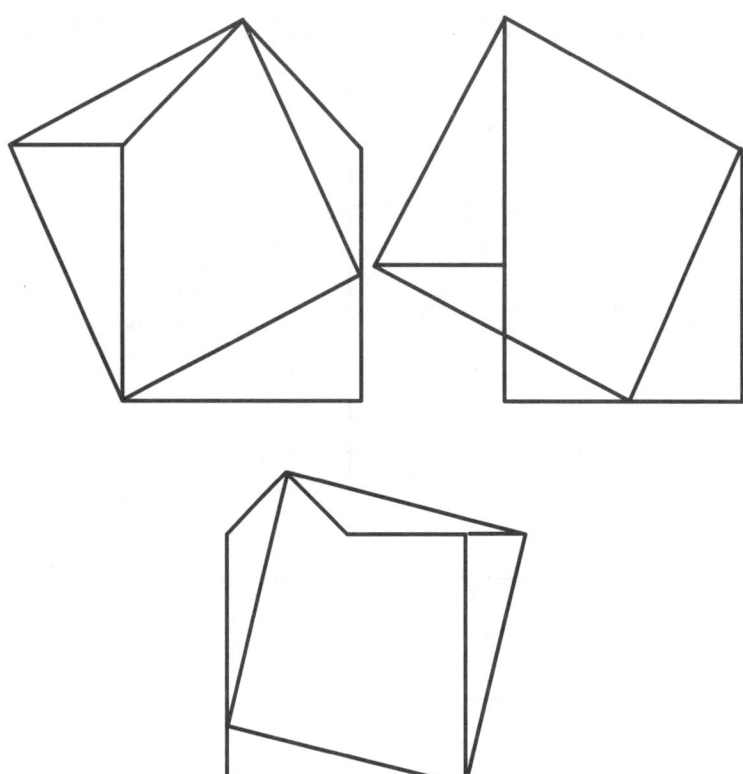

그리스 십자가 만들기

다음 도형들을 각각 3조각 내어 그리스 십자가를 만드시오.
①을 라틴 십자가, ②를 그리스 십자가라고 한다.

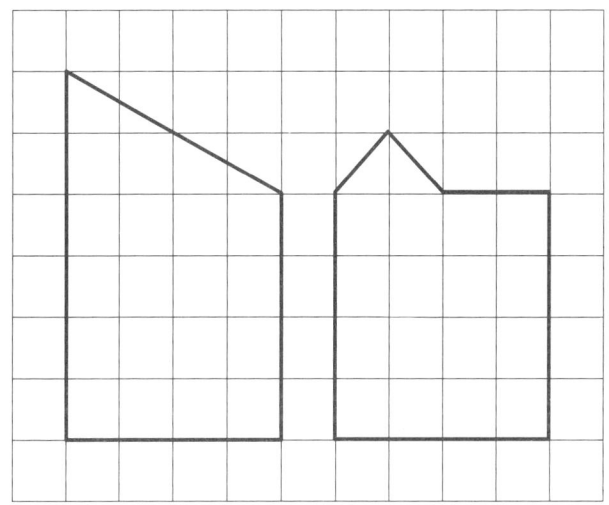

①

②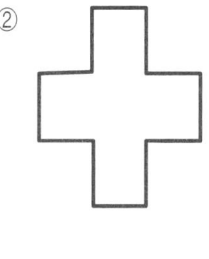

113

 해 설

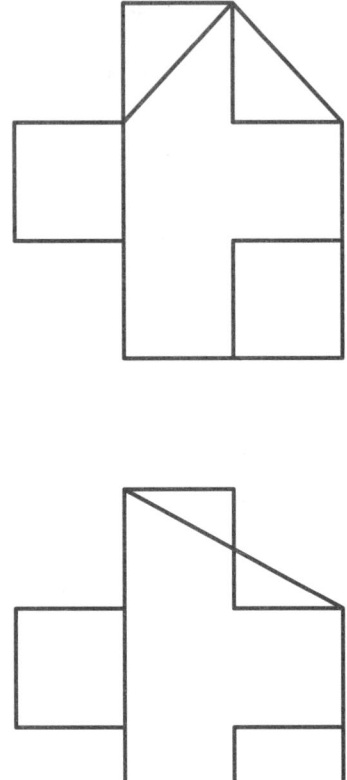

정사각형 만들기 2

아래 도형을 각각 같은 모양 같은 크기로 4조각 내어 정사각형을
만드시오.

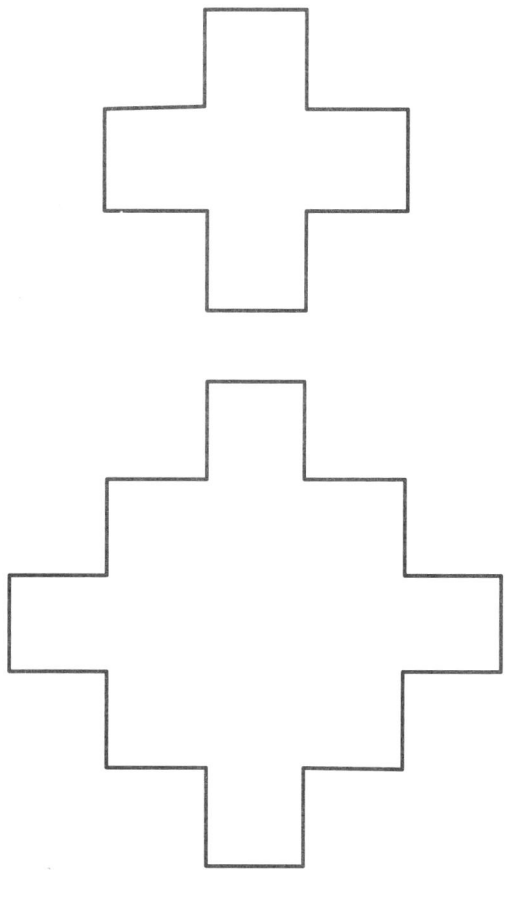

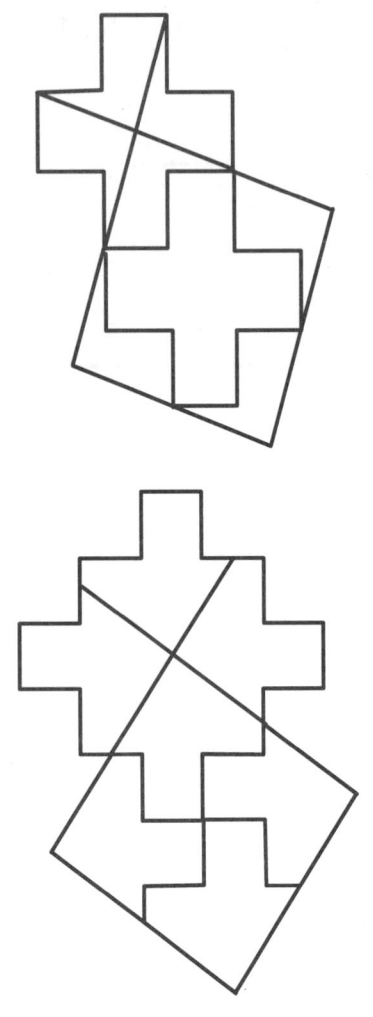

정사각형 만들기 3

각각을 같은 모양 같은 크기로 4조각내어 정사각형을 만드시오.

정사각형 만들기 4

다음 도형을 같은 모양 같은 크기로 4조각내어 정사각형을 만드시오.

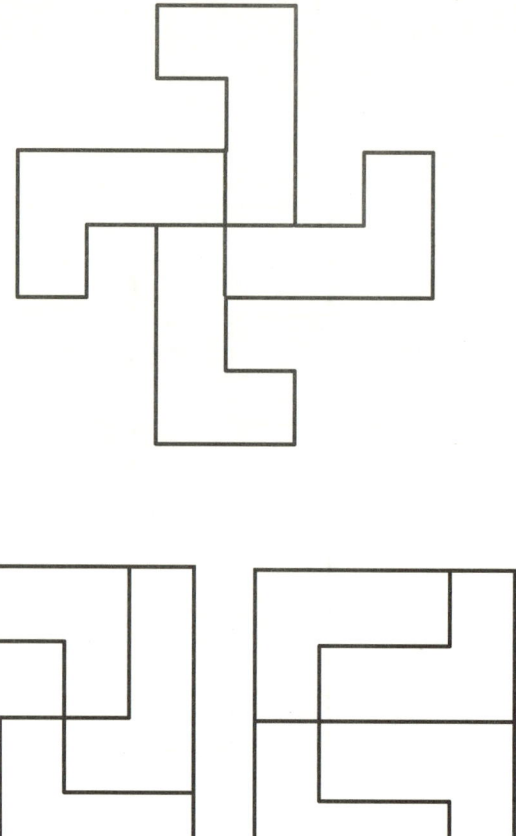

Tetromino

정사각형 4개를 붙여서 만들 수 있는 도형은 아래와 같은 5가지가 있다. 이 5가지의 조각들로 직사각형을 만들 수 있을까? 직사각형을 만들 수 없다면 이유는 무엇인가?

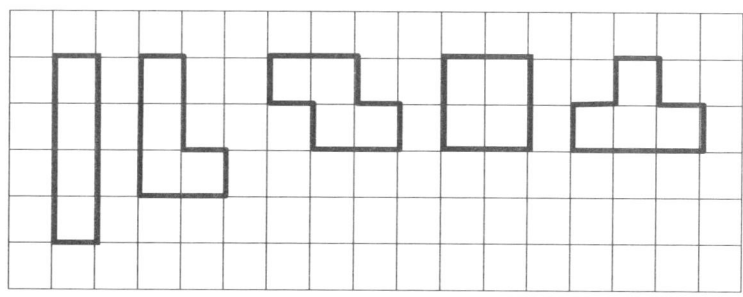

 해설

직사각형을 만들 수 없다. 면적이 20인 직사각형은 1×20, 2×10, 4×5가 있다. 1×20, 2×10은 만들 수 없음을 쉽게 알 수 있다.

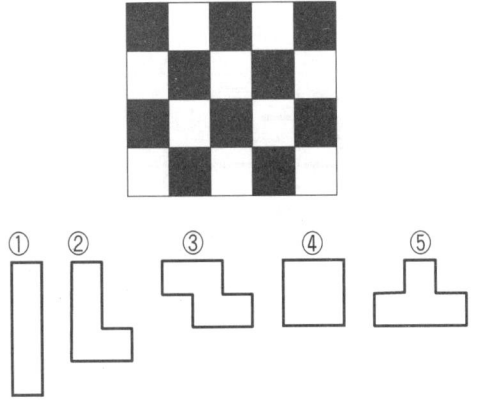

4×5 직사각형을 위와 같이 격자모양으로 나누고 색칠을 한다. ①, ②, ③, ④는 어떻게 메우든 같은 갯수의 색칠된 칸과 색칠되지 않은 칸을 메운다. 따라서, 4×5 직사각형 에는 같은 갯수의 색칠된 칸과 색칠되지 않은 칸이 있으므로 ⑤는 2개의 색칠된 칸과 색칠되지 않은 칸을 메워야 하는데, 이것은 불가능하다.

 # Pentomino

펜토미노(Pentomino)는 정사각형 5개를 붙여서 만든 도형을 말하며 모두 12가지가 있다. 펜토미노라는 이름은 1953년에 미국인 Solomon W Golomb이 처음으로 명명한 것이다. 모든 펜토미노를 하나씩 사용하여 만들 수 있는 직사각형은 4가지가 있는데 각각을 만들 수 있는 방법은 6×10 직사각형이 2339가지, 5×12직사각형이 1010가지, 4×15 직사각형이 368가지, 3×20 직사각형이 2가지가 있다. 3×20 직사각형을 만들 수 있는 두 가지 방법 중 하나는 아래 그림과 같다. 다른 한 가지 방법은 어떤 것일까?

 해 설

정사각형 만들기 5

다음 5개의 조각으로 정사각형을 만드시오. (4가지) 각각의 조각
은 정사각형 5개로 이루어져 있다.

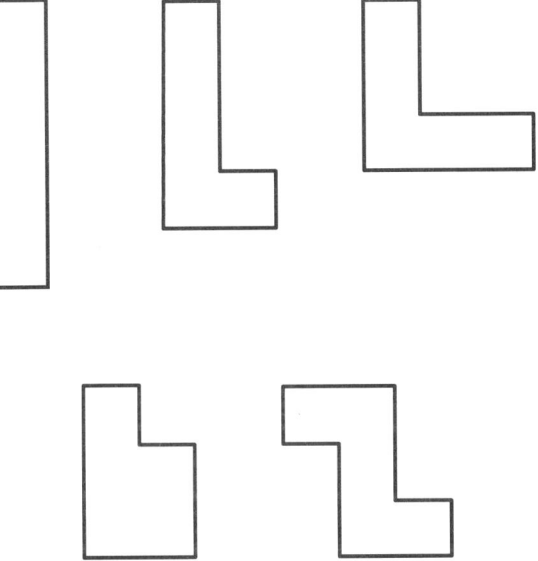

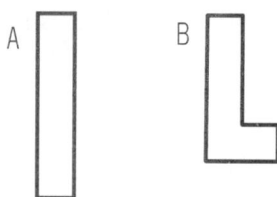

먼저 A의 위치를 찾고 다음에 B의 위치를 찾는다. 결국 아래 4가지가 가능함을 알 수 있다.

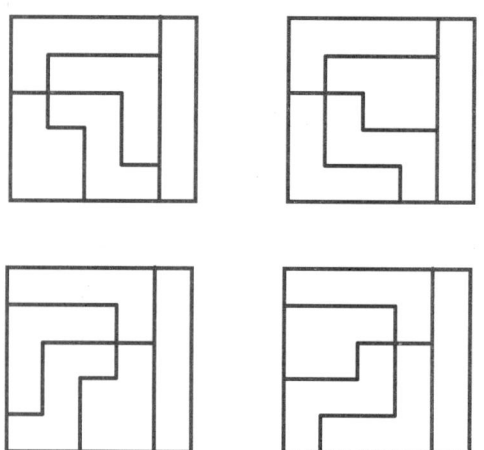

TANGRAM

탕그람은 고대 중국에서 유래된 조각맞추기 퍼즐이다. 탕그람은 7개의 조각으로 되어 있는데, 모두 13가지의 볼록다각형을 만들 수 있다. 아래에 있는 각각의 볼록다각형을 만드시오.

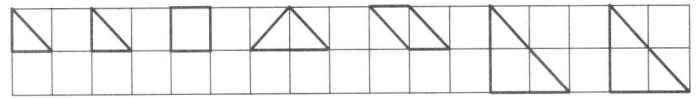

7개의 탕그람조각

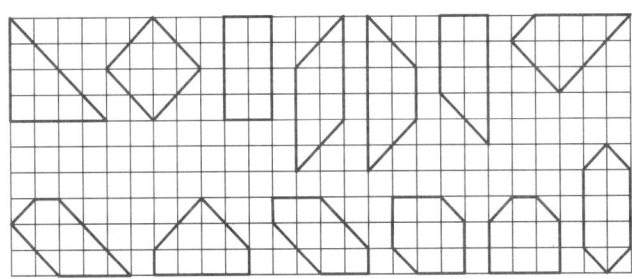

만들 수 있는 13가지 볼록다각형

· · ·

127

 해 설

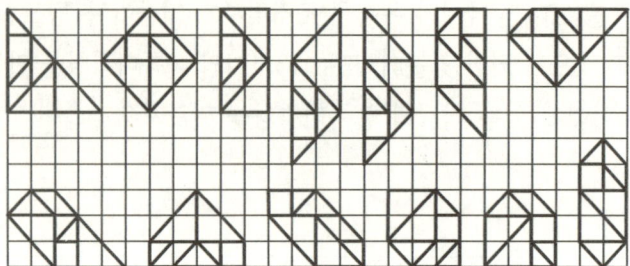

조각맞추기

아래 왼쪽에 있는 6가지 조각을 각각 3개씩 총 18개의 조각을 사용하여 아래와 같은 그림이 되도록 맞추시오.

아인슈타인 따라잡기

 해설

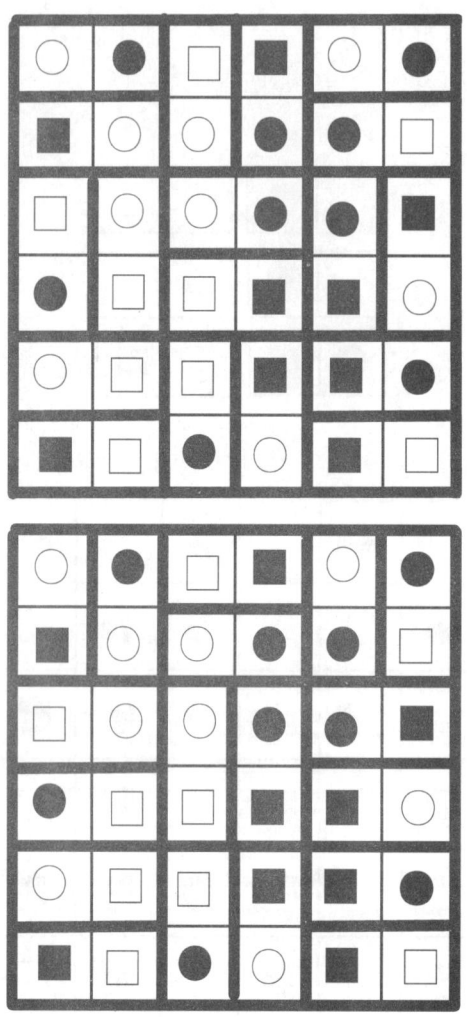

정사면체 1

정사면체 두 개를 붙여놓은 육면체는 모든 면이 정삼각형으로 이루어져 있지만 정육면체라고 하지 않는다. 왜 그럴까?

정사면체 2

정사면체 두 개를 붙여놓은 육면체와 개미 한 마리가 있다.
① 개미가 꼭지점 A에서 출발하든 꼭지점 B에서 출발하든 모든 꼭지점을 지나 꼭지점 C에 도착하는 가장 빠른 길은 그 거리가 같을까?
② 개미가 꼭지점 A에서 출발하든 꼭지점 B에서 출발하든 모든 변을 지나 꼭지점 C에 도착하는 가장 빠른 길은 그 거리가 같을까?

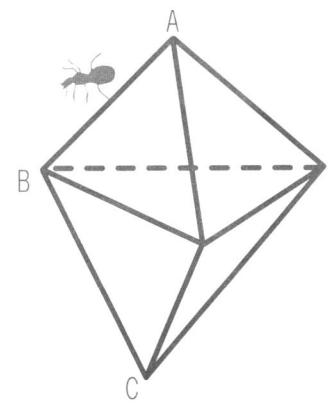

해설

모든 꼭지점에 같은 수의 정삼각형이 만나지 않으므로

① 같다.
② B에서 출발하는 것이 변 하나의 길이만큼 길다.

① A를 출발하여 모든 꼭지점을 한번만 지나 C에 도착하는 방법은 다음 6가지가 있다. ABDEC, ABEDC, ADBEC, ADEBC, AEBDC, AEDBC. B를 출발하여 모든 꼭지점을 한번만 지나 C에 도착하는 방법은 다음 4가지가 있다. BADEC, BAEDC, BDAEC, BEADC.
A에서 출발하든 B에서 출발하든 모든 꼭지점을 꼭 한 번만 지나 C에 도착하는 방법이 있다. 따라서 같다.

② A, B, C, D, E 다섯 개의 꼭지점 중 A와 C는 3개의 변이 모이고, B, D, E는 4개의 변이 모인다. 따라서, B를 출발해서 C에 도착하는 가장 빠른 길은 A에서 출발하는 것보다 변 하나의 길이만큼 길다.

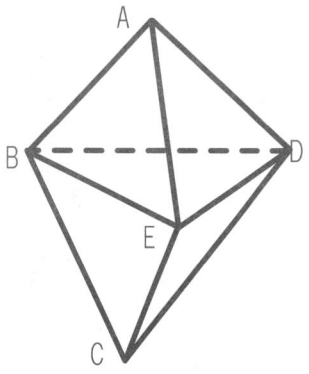

▸ ▸ ▸

76th 방과 문

①은 16개의 방과 각 방을 연결하는 문을 나타낸 것이다. A에서 출발하여 모든 방을 꼭 한번씩만 지나 B에 도착하는 경로는 없음을 증명하시오.

②는 3개의 방과 각 방을 연결하는 문 그리고, 밖으로 연결된 문을 나타낸 것이다. 어디에서 출발하든 모든 문을 꼭 한번씩만 지나는 경로는 없음을 증명하시오.

※ ○은 문을 나타낸다.

①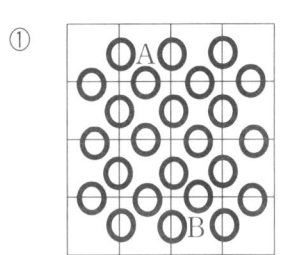

②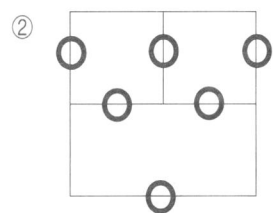

①을 그림과 같이 8개의 방에 색칠을 하면 색칠된 방과 색칠되지 않은 방을 교대로 통과해야 함을 알 수 있다. 따라서, A를 출발하여 처음 통과한 방과 B에 도착하기 직전에 통과하는 방이 색칠된 방이므로 A를 출발하여 B에 도착하기까지 색칠된 방을 색칠되지 않은 방보다 하나 더 통과한다. 그런데 색칠된 방이 색칠되지 않은 방보다 2개가 더 많으므로 색칠된 방 하나는 통과할 수 없다. 즉, 모든 방을 한번씩만 지나는 경로는 없다.

②를 방은 점으로, 문은 선으로 바꾸면 홀수점이 4개이므로 한붓그리기가 불가능함을 알 수 있다. 즉, 모든 문을 한번씩만 지나는 경로는 없다.

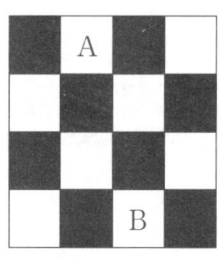

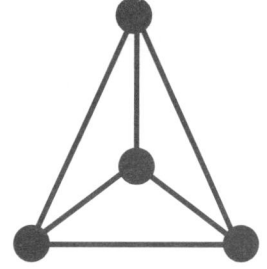

Knight 1

체스에서 말(Knight)은 보기와 같이 화살표한 곳으로 이동할 수 있다.

A에 있던 말이 모든 칸을 꼭 한번씩만 지나 A로 돌아오는 경로를 찾으시오.

[보기]

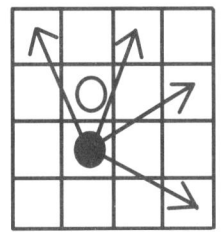

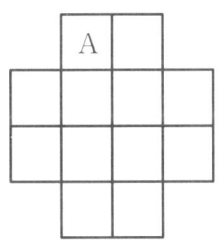

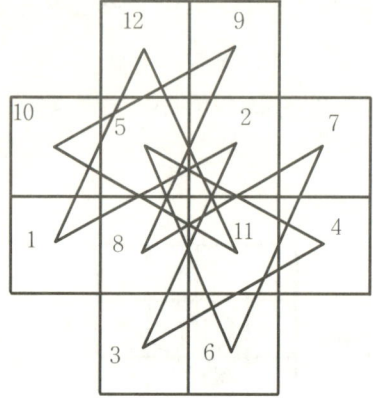

해설

78th 화살표 1

모든 칸을 꼭 한번씩만 지나 출발점으로 돌아오는 경로를 찾으시
오.

①

→	→	↓
↑	←	↓
→	↑	←

②

→	↓	↓
↓	→	←
↑	↑	←

· · ·

137

해 설

각 칸에 아래와 같이 번호를 붙이면 답은 다음과 같다.

① 1236978541

② 1398256471

1	2	3
4	5	6
7	8	9

화살표 2

①부터 ⑥까지는 개구리(○)와 파리(●)가 있는 미로를 나타낸 것이다. 개구리는 개구리가 있는 칸에 표시된 화살표 방향으로 한칸만 이동할 수 있다. ①부터 ⑤까지는 개구리가 있는 칸을 출발하여 파리가 있는 칸에 도착하는 가장 짧은 경로를 찾으시오. ⑥에서는 개구리가 있는 칸을 출발하여 파리 세 마리를 모두 잡아먹고 다시 출발했던 칸으로 돌아오는 가장 짧은 경로를 찾으시오. 최소 이동칸수는 ①은 30칸, ②는 35칸, ③은 27칸, ④는 31칸, ⑤는 34칸, ⑥은 69칸이다

①

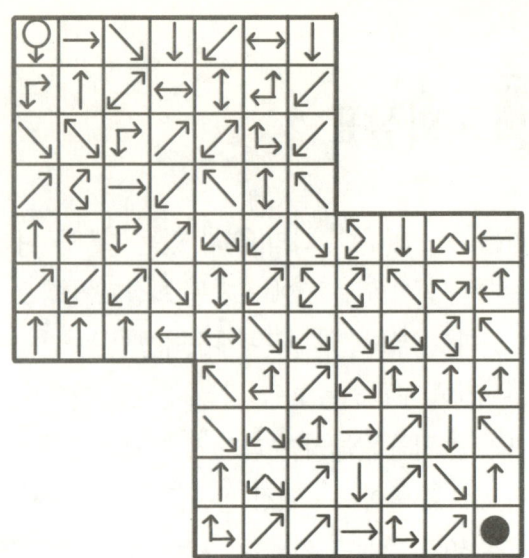

②

③

④

⑤

⑥

해 설

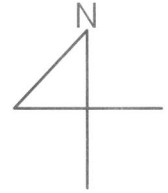

N은 북쪽, S는 남쪽, E는 동쪽, W는 서쪽, NE는 북동쪽, NW는 북서쪽, SE 는 남동쪽, SW는 남서쪽으로 이동하 는 것을 나타낼 때 각각의 미로에 대 한 답은 다음과 같다.

① SE-S-SE-E-N-NE-NW-W-SE-NE-E-S-E-NE-E-SE-W-S
-SE-W-SW-SE-S-SE-W-SE-W-SW-E-E.

② S-E-N-E-SE-E-S-NE-N-E-S-SW-E-SW-S-SW-N-SE-
NE-SE-SE-SW-SW-W-SW-N-SE-SE-NE-S-E-N-NE-S-
SE.

③ E-SE-E-SE-SE-NE-NE-SE-SE-E-SE-SE-NE-E-N-E-S-
SW-S-SE-S-SW-E-S-SW-N-SE.

④ E-E-SE-E-NE-S-SE-SE-SE-E-E-SE-W-S-SE-SW-SW-
SE-SE-NE-W-N-W-NE-NE-E-SE-SE-S-SW-E.

⑤ SE-N-SW-S-S-E-NE-SE-E-NE-S-SE-W-S-E-S-NE-E-
SE-E-NE-SE-SE-W-SW-E-SE-S-SW-N-SE-NE-S-E.

⑥ SE-SW-S-SE-S-SE-N-SW-SW-E-SW-SE-W-NE-NE-
NE-NE-NE-SE-NE-SE-SW-S-SW-N-SE-NE-SE-S-W-
N-W-NE-SE-N-NW-N-NE-N-W-W-NW-SW-N-SW-
NW-N-NE-E-SE-NE-S-SE-NE-N-W-S-NW-S-NW-SW-
NW-W-SW-SW-N-NE-W-W.

 경 로

모든 점을 꼭 한번씩만 지나는 경로를 찾으시오. ②는 화살표 방향으로만 이동할 수 있다.

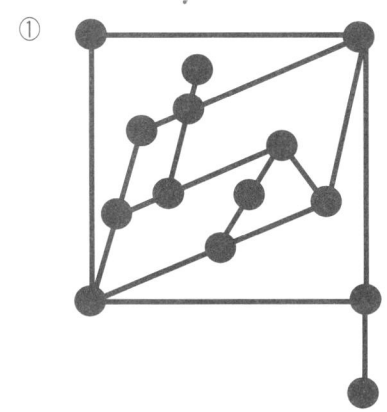

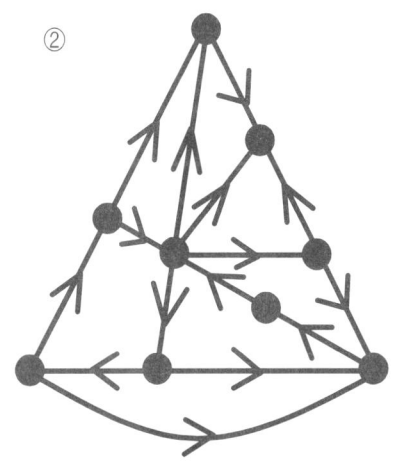

①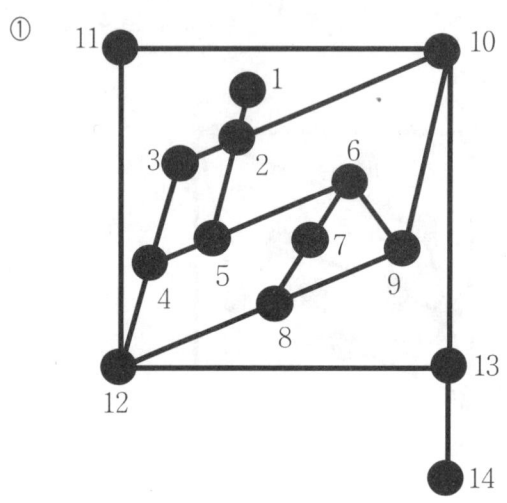

②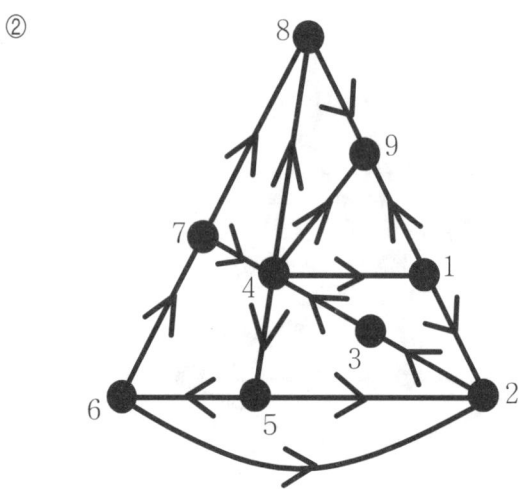

도 로

A, B, C, D, E 5개의 도시가 있고, 모든 도시를 잇는 하나의 직선 도로가 있다. 도로의 총거리는 140km이고, A에서 B까지의 거리는 10km, B에서 C까지의 거리는 40km, C에서 D까지의 거리는 90km, D에서 E까지의 거리는 40km이다. A를 출발하여 도로를 따라 B쪽으로 계속 간다면 마지막으로 도착하는 도시는?

볼록사각형

아래 도형에는 볼록사각형이 몇 개나 있는가?

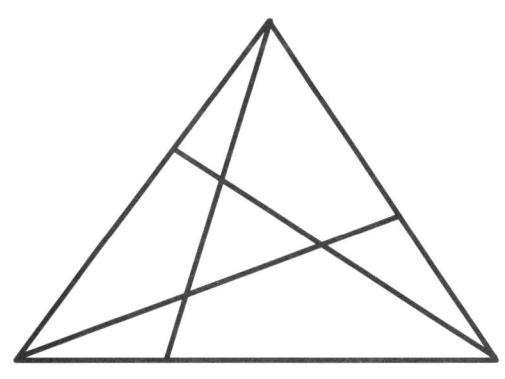

D

먼저 C와 D의 위치를 정한다. 총거리가 140km이고 C에서 D까지의 거리가 90km 이므로 B와 E가 모두 C와 D 사이에 있거나 모두 C와 D 사이에 있지 않을 수는 없다. 즉, 하나는 C와 D 사이에 있고 다른 하나는 C와 D 사이에 있지 않아야 한다. 또한 A에서 B까지의 거리가 10km이므로 B가 C와 D 사이에 있을 수 없다. 따라서, 도시들은 아래 그림과 같이 위치해야 한다.

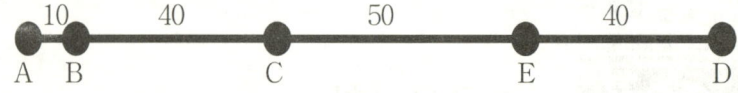

6개 (ABIF, AGIF, BCDG, BCHG, DEFH, DEIH)

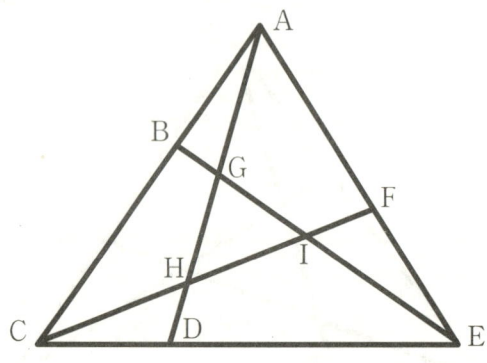

Double Star

아래와 같은 삼각형이 5개인 별에 2개의 직선을 그어 삼각형이 10개가 되도록 하시오. 보기와 같이 직선을 하나 그으면 삼각형은 ○로 표시한 7개가 된다.

[보기]

 해 설

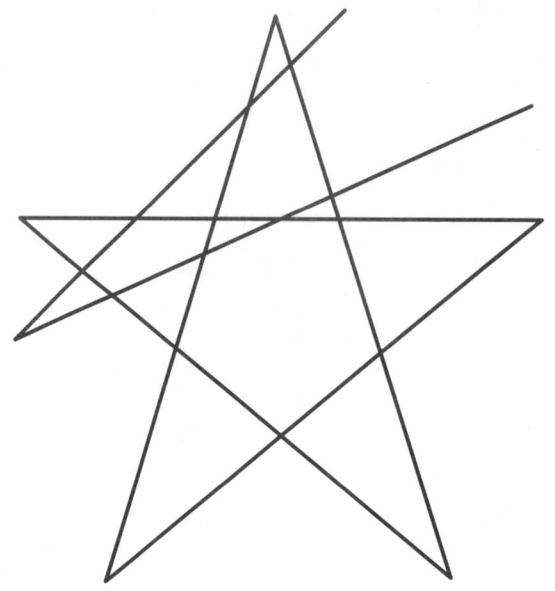

삼각형의 갯수를 줄여라 1

아래에 11개의 성냥개비로 삼각형 5개를 만들었다. 보기와 같이 성냥개비를 2개씩 옮길 때 마다 삼각형의 갯수가 하나씩 줄어들어 결국 삼각형이 2개가 되도록 하시오.

[보기]

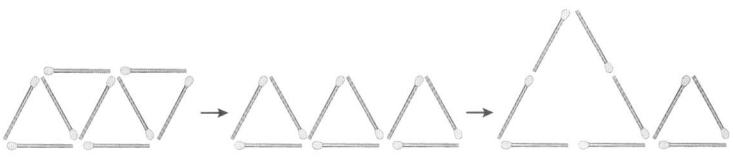

 해설

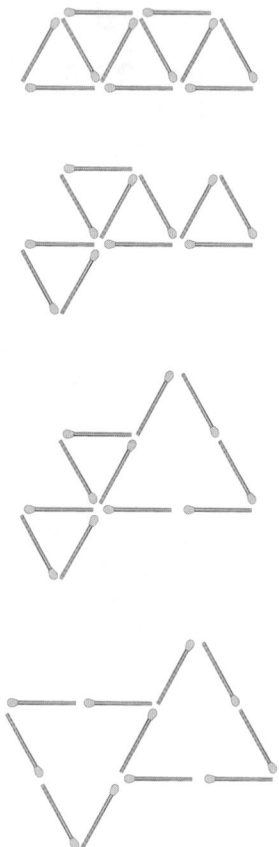

삼각형의 갯수를 줄여라 2

다음에 주어진 각각을 성냥개비를 2개씩 옮길 때마다 삼각형의 갯수가 하나씩 줄어들어 결국 삼각형이 3개가 되도록 하시오.

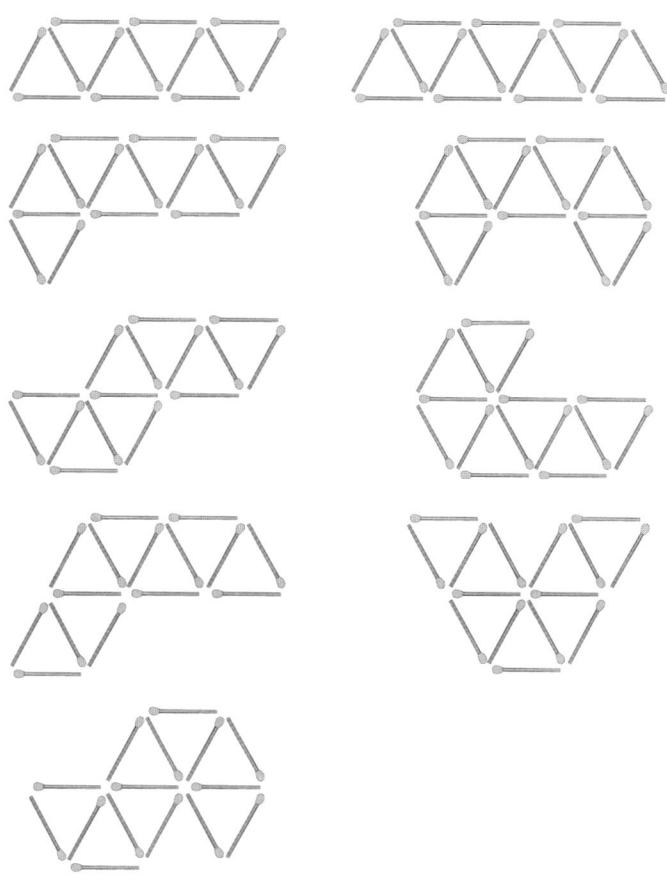

 해 설

각각에 대해 처음 2개의 이동을 표시하고 나머지는 생략했다.

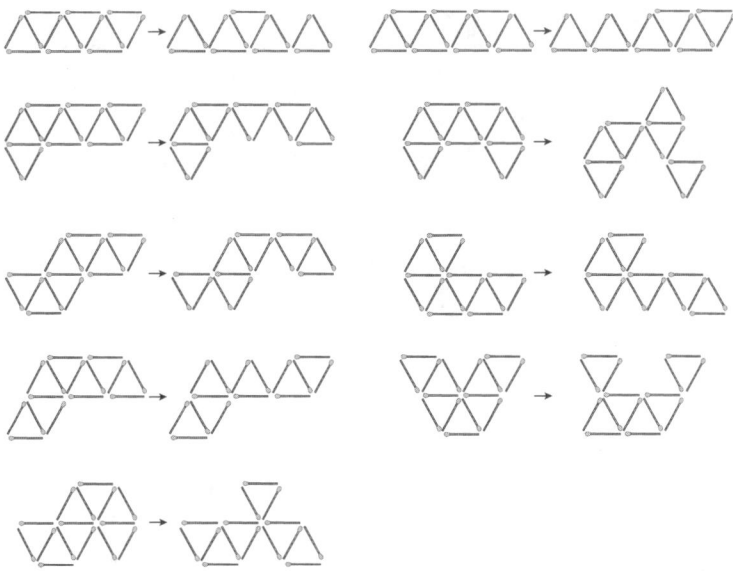

PUZZLE

기타

흰돌 검은돌 1

다음은 1903년에 H. E. Dudeney가 발표한 문제이다.
흰돌과 검은돌의 위치를 바꾸시오. 돌들은 이웃한 칸으로만 이동할 수 있다. 이때 이동하려는 곳이 비어 있어야만 한다. 즉, 한칸에 두 개 이상의 돌이 놓일 수 없다. 최소 17번의 이동으로 가능하다.

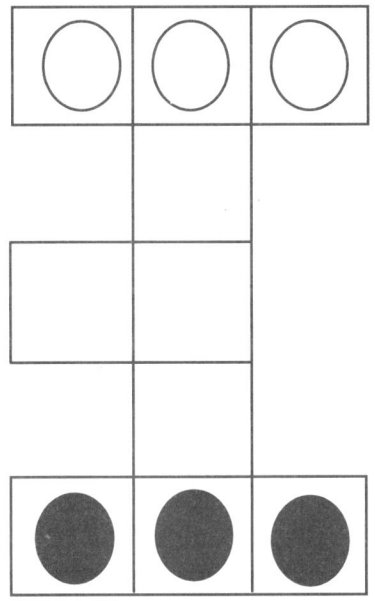

재미있는 논리이야기 **아인슈타인 따라잡기**

 해설

각 칸에 아래와 같이 번호를 붙이면 이동 순서는 다음과
같다.

2-5, 9-2, 8-4, 5-8, 4-9, 2-7, 1-5, 7-1, 9-2, 10-4, 5-10,
4-9, 2-7, 3-5, 7-3, 9-2, 5-9.

1	2	3
	4	
5	6	
	7	
8	9	10

흰돌 검은돌 2

최소로 움직여서 흰돌과 검은돌의 위치를 바꾸시오. 돌들은 직선으로 이어진 이웃한 원으로만 이동할 수 있고, 이때 이동하려는 곳이 비어 있어야만 한다. 즉, 하나의 원에 두 개 이상의 돌이 놓일 수 없다. ①은 11번, ②는 7번의 이동으로 가능하다.

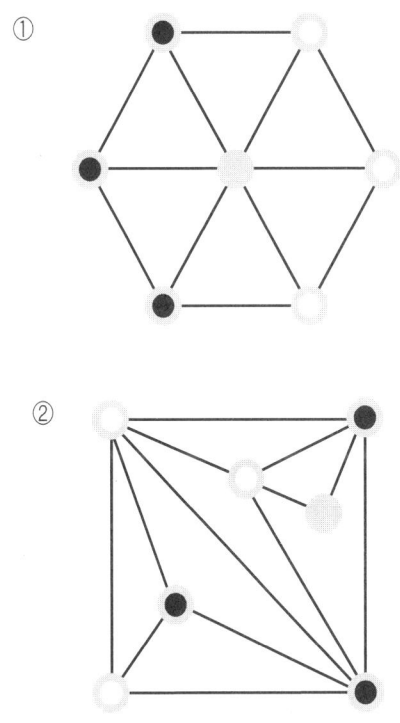

 해 설

각 칸에 그림과 같이 번호를 붙이면 이동은 다음과 같다.

① 1-2-3-7-6-1-2-7-5-4-7
② 2-6-4-7-3-5-1.

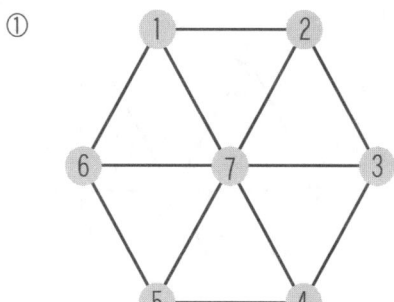

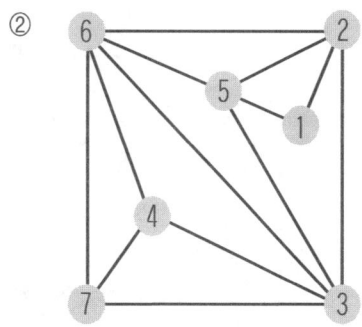

흰돌 검은돌 3

최소로 움직여서 흰돌과 검은돌의 위치를 바꾸시오. 돌들은 직선으로 이어진 이웃한 원으로만 이동할 수 있고, 이때 이동하려는 곳이 비어 있어야만 한다. 즉, 하나의 원에 두 개 이상의 돌이 놓일 수 없다. 최소 20번의 이동으로 바꿀 수 있다.

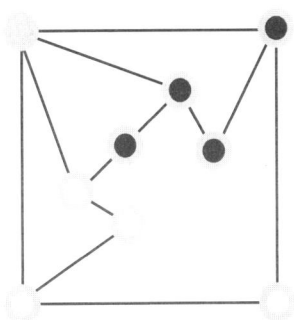

161

 해 설

각 원에 그림과 같이 번호를 붙일 때 다음은 순서대로 이
동하는 돌이 있는 원의 번호이다.

2 9 8 1 3 5 2 9 8 1 3 4 6 7 8 1 3 4 6 1

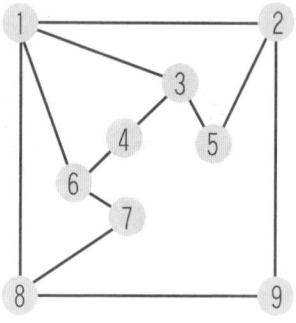

Knight 2

체스에서 말(Knight)은 보기와 같이 화살표한 곳으로 이동할 수 있다. 최소의 이동으로 ●말과 ○말의 위치를 바꾸시오. ①은 7번, ②는 6번의 이동으로 가능하다.

[보기]

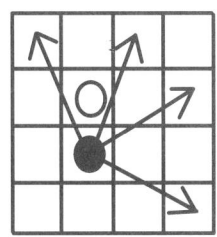

①

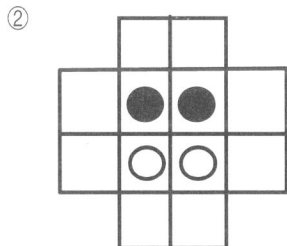

②

 해 설

각 칸에 그림과 같이 번호를 붙이면 이동은 다음과 같다.

① 1-8, 7-6-1, 9-2-7-6, 3-4-9-2-7, 8-3-4-9, 1-8-3, 6-1.
② 4-12-6, 8-2-10-4, 6-8, 5-11-3, 9-1-7-5, 3-9.

1	2	3
4	5	6
7	8	9

		1	2	
3	4	5	6	
7	8	9	10	
		11	12	

32번

①을 ②가 되도록 하시오. 각각의 카드는 가로나 세로로 인접한 칸이 비어 있을 때만 빈칸으로 이동할 수 있고 각 칸에는 많아야 한장의 카드가 놓인다. 가능하면 카드의 이동 수를 적게 하시오. 32번의 이동 수로도 가능하다.

①

1	2	3
4	5	6
7	8	

②

4	3	2
1	8	7
6	5	

 해설

다음은 이동할 카드에 적힌 숫자의 순서이다.

6-3-2-1-4-5-3-2-1-3-5-4-3-1-2-5-1-3
-4-1-8-7-1-8-7-6-5-7-8-1-6-5

1914년에 Sam Loyd가 발표한 문제이다. A가 적힌 카드와 B가 적힌 카드의 위치를 바꾸시오. 각각의 카드는 가로나 세로로 인접한 칸이 비어 있을 때만 빈칸으로 이동할 수 있고 각 칸에는 많아야 한장의 카드가 놓인다. 최소 17번의 이동으로 A와 B의 위치를 바꿀 수 있다.

※ A가 적힌 카드와 B가 적힌 카드의 위치만을 바꾸는 것은 불가능하다.

1		A
2	3	B

 해 설

다음은 이동할 카드에 적힌 숫자의 순서이다.

A-B-3-A-1-2-A-3-B-1-3-A-2-3-1-B-A.

1917년

1917년 H. E. Dudeney가 발표한 문제이다.
①을 ②가 되도록 하시오. 각각의 카드는 가로나 세로로 인접한
칸이 비어 있을 때만 빈칸으로 이동할 수 있고 각 칸에는 많아야
한장의 카드가 놓인다. 최소 28번의 이동으로 가능하다.

①

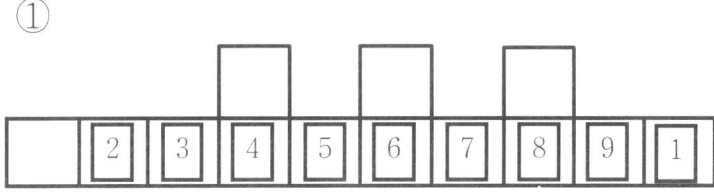

②

 해 설

각 칸에 아래와 같이 번호를 붙일 때 이동은 다음과 같다.

2-1, 3-2, 4-3, 5-11, 6-4, 7-5, 8-6, 9-7, 1-13, 9-10, 8-9,
1-12, 7-13, 6-8, 5-7, 1-11, 4-12, 3-6, 2-5, 1-1, 2-2, 3-3,
4-4, 5-5, 6-6, 7-7, 8-8, 9-9.

			11		12		13		
1	2	3	4	5	6	7	8	9	10

23번

①을 ②가 되도록 하시오. 각각의 카드는 가로나 세로로 인접한 칸이 비어 있을 때만 빈칸으로 이동할 수 있고 각 칸에는 많아야 한장의 카드가 놓인다. 23번의 이동으로 가능하다.

①

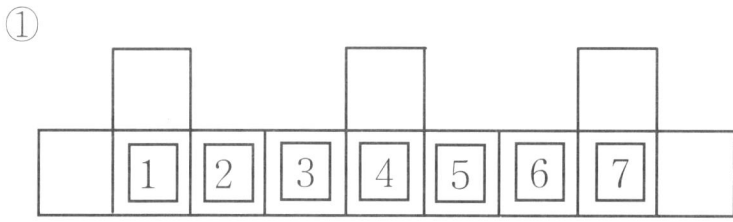

②

해설

각 칸에 아래와 같이 번호를 붙일 때 이동은 다음과 같다.

7-10, 6-12, 5-11, 4-9, 3-8, 2-6, 1-2, 3-1, 1-8, 2-2, 1-3, 4-4, 5-6, 6-5, 5-12, 7-6, 6-9, 5-11, 7-8, 4-7, 1-5, 2-4, 3-3.

	2			6			10	
1	3	4	5	7	8	9	11	12

돌넘기 1

보기처럼 4개의 돌이 놓여 있을 때 가로, 세로로만 뛰어넘을 수 있다면 돌을 하나만 남도록 하기 위해서 2번의 이동이 필요하고, 대각으로도 뛰어넘을 수 있다면 한번의 이동으로 가능하다. 돌은 인접한 칸에 놓인 돌만을 뛰어넘어 빈칸으로 이동할 수 있고 뛰어넘은 돌은 떼어낸다. 또한, 뛰어넘을 때만 움직일 수 있고 한칸에 두 개 이상의 돌이 놓일 수 없다. 가로, 세로로만 뛰어넘을 수 있다면 ①과 ②는 5번의 이동으로 돌이 하나만 남도록 할 수 있고, 대각으로도 뛰어넘을 수 있다면 ①은 2번의 이동으로 가능하다. 어떻게 하면 될까?

[보기]

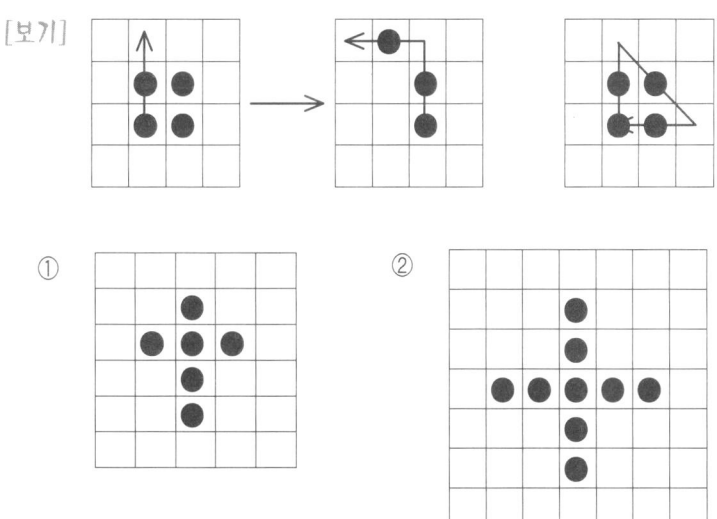

해 설

각 칸에 아래와 같이 번호를 붙일 때 이동은 다음과 같다.
① 13-15, 23-13, 12-14, 15-13, 8-18. & 12-24, 8-18-
   28-20-8.
② 18-4, 32-18, 27-25-11, 23-25, 4-18-32-46

1	2	3	4	5
6	7	8	9	10
11	12	13	14	15
16	17	18	19	20
21	22	23	24	25
26	27	28	29	30

1	2	3	4	5	6	7
8	9	10	11	12	13	14
15	16	17	18	19	20	21
22	23	24	25	26	27	28
29	30	31	32	33	34	35
36	37	38	39	40	41	42
43	44	45	46	47	48	49

돌넘기 2

몇 개의 칸에 돌이 놓여 있다. 돌은 가로 또는 세로로 인접한 칸에 놓인 돌을 뛰어넘을 때만 이동할 수 있고 뛰어넘은 돌은 떼어낸다. 또한 한칸에 2개의 돌이 놓일 수 없다. 하나의 돌만을 남기고 나머지 돌들은 모두 떼어내시오. 마지막에 남는 하나의 돌은 한가운데 칸에 위치해야 한다. ①은 5번, ②는 8번의 이동으로 가능하다.

①
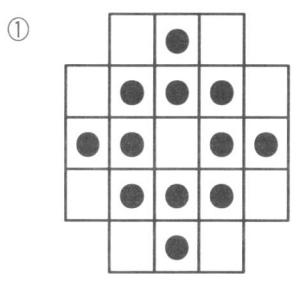

②
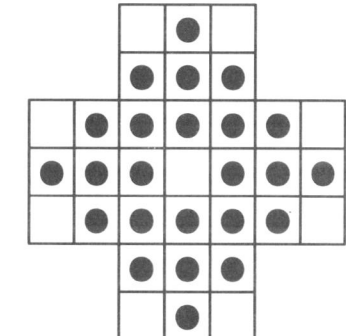

 해 설

다음은 Alain Maye의 답이다.

① • 13-11　　• 10-12　　• 2-11-13
　 • 16-18-8-6-4-14-16　　• 20-11

② • 29-17　　• 22-24　　• 8-22　　• 10-8
　 • 11-3-1-9-7-21-23-9　　• 25-33-31-23-25-27-13-11
　 • 18-6-4-16-18　　• 19-17

	1	2	3	
4	5	6	7	8
9	10	11	12	13
14	15	16	17	18
	19	20	21	

		1	2	3		
		4	5	6		
7	8	9	10	11	12	13
14	15	16	17	18	19	20
21	22	23	24	25	26	27
		28	29	30		
		31	32	33		

▸ ▸ ▸

176

동전의 위치를 찾아라 1

칸에 쓰인 숫자는 숫자가 쓰인 칸과 가로, 세로, 대각으로 이웃한 칸에 놓인 동전의 갯수이다. 각 칸에는 많아야 하나의 동전이 놓인다. ①은 숫자가 쓰인 칸에는 동전이 없고 ②는 있을 수도 있다. 동전의 위치를 찾으시오.

①

		4		1
2				
2			3	
		2		1
1		2		

②

2		1		1
	4	2	2	
1			4	
1	2	1	3	

 해설

①

	◯			
	◯	◯	◯	
	◯		◯	

②

				◯
◯	◯			
		◯		
◯				◯
		◯		◯

동전의 위치를 찾아라 2

칸에 쓰인 숫자는 숫자가 쓰인 칸과 이웃한 칸(변을 공유하는 칸)에 놓인 동전의 갯수이다. 각 칸에는 많아야 하나의 동전이 놓인다. 동전의 위치를 찾으시오. ①, ③은 숫자가 쓰인 칸에는 동전이 없고, ②, ④는 숫자가 쓰인 칸에도 동전이 있을 수 있다.

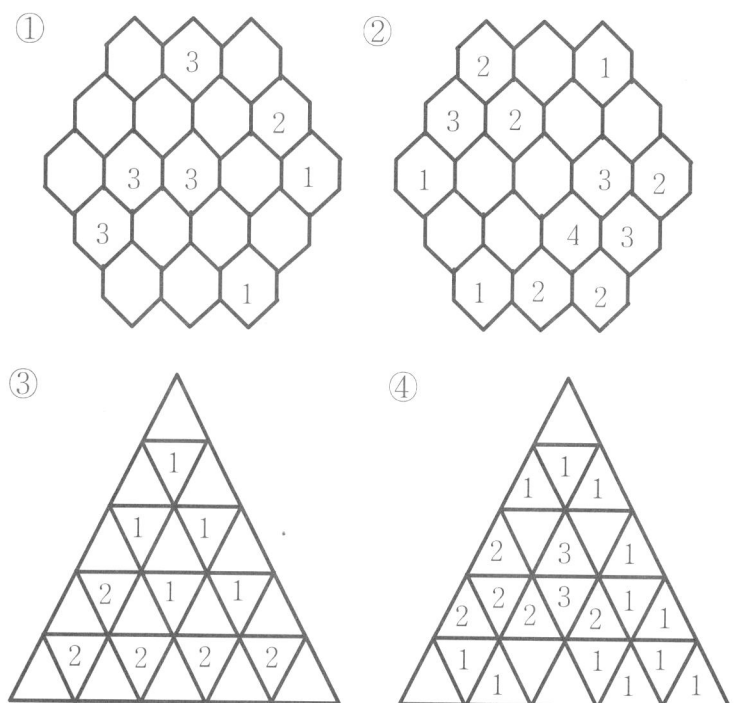

 해설

①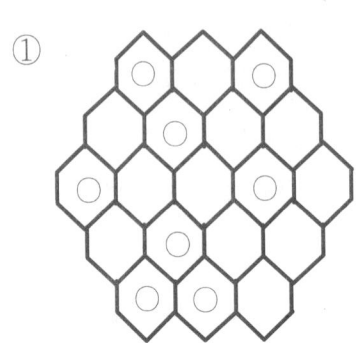

②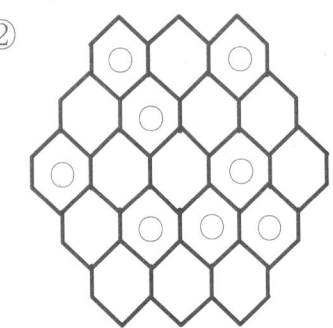

③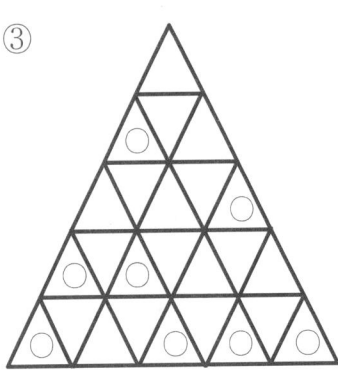

④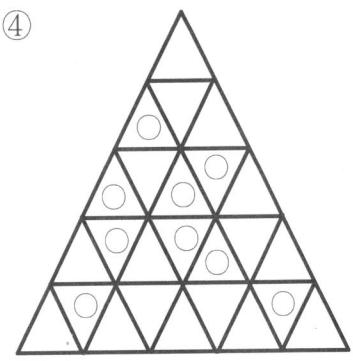

게임방식

32개팀이 8개조로 나뉘어 조별리그를 한다. 각조 1위팀과 2위팀 총 16개팀이 토너먼트제로 우승팀을 가린다. 조별리그에서 이긴 팀은 3점을 주고, 진팀에게는 0점을 준다. 비겼을 경우에는 각 팀에게 1점씩을 준다. 승점순으로 순위를 정한다. 승점이 같을 경우 골득실 차이로 순위를 정한다. 골득실 차이도 같을 경우에는 퇴장과 반칙수 등으로 정한다.

① 총시합 수는?

② A, B, C, D는 1조이고, E, F, G, H는 2조이다. 1조에서는 A가 1위, B가 2위를 했다. C의 승점은 6점이고, A와 C의 시합에서는 C가 이겼다. 2조에서는 E가 1위, F가 2위를 했다. F의 승점은 2점이다. 1조와 2조의 시합결과는?

③ 어떤 팀도 조별리그에서 시합을 했던 팀과는 결승전이 아니면 다시 시합을 못하게 하려면 토너먼트 대전표는 어떻게 짜야 하는가?

· · ·

181

해설

① 63 (리그 : 48, 토너먼트 : 15)

②

1조		2조	
A:B	A승	E:F	E승
A:C	C승	E:G	E승
A:D	A승	E:H	E승
B:C	B승	F:G	빅
B:D	B승	F:H	빅
C:D	C승	G:H	빅

③ 리그 1, 2위팀이 서로 다른 조에 속하도록 8개팀씩 나누어 각각 결승전에 나갈 팀을 가린다.

99th 작전연구

다음은 많이 알려진 작전연구에 관한 문제들이다.

① 씨름 단체전 결승에서 청팀과 홍팀이 맞붙게 되었다. 청팀의 선수는 A, B, C 이고 홈팀의 선수는 D, E, F 이다. 양팀에서 한 명씩 1:1승부로 모든 선수가 한번씩 게임을 하는데, 총 3게임 중 2게임을 이긴 팀이 우승팀이 된다. 각 선수들의 실력차는 분명해서 A는 나머지 다섯명 중 누구와 게임을 해도 이길 수 있고, B는 3명, C는 1명, D는 4명, E는 2명을 이길 수 있다. 홍팀이 우승할 수 있는 대전표는?

② 암흑가를 분할하는 3개의 조직 A파, B파, C파가 있다. A파와 B 파가 전쟁을 하면 B파가 이기고, B파와 C파가 전쟁을 하면 C 파가 이긴다. C파와 A파가 전쟁을 하면 A파가 이긴다. A파의 두목은 암흑가를 평정하고 싶어한다. A파의 두목이 취할 수 있는 최선의 전략은?

③ A, B, C 세 사람이 결투를 한다. A, B, C, A, B, C 순으로 한발씩 총을 쏘는데, 명중률이 각각 A는 1/3, B는 2/3, C는 1(백발백중) 이다. C가 자신이 쏠 차례에 살아있다면 C가 취할 수 있는 최선의 전략은 A와 B 중 A를 상대하는 것이 유리하므로 B를 쏘는 것이다. 따라서, B는 자신이 쏠 차례에 살아있다면 C를 쏘는 것이 최선의 전략이다. 그렇다면 A의 최선의 전략은 무엇인가?

 해설

① A:F, B:D, C:E.

② B파와 C파를 싸움 붙인다.

③ 허공을 향해 쏜다.

NIM

1. 두 사람이 20개의 구슬을 가지고 게임을 한다. 규칙은 다음과 같다.
   ① 교대로 1개 또는 2개 또는 3개의 구슬을 가져간다.
   ② 자기 차례에서 가져갈 구슬이 없게 되는 사람이 진다.
   이 게임은 먼저 구슬을 가져가는 사람이 이기는 게임인가? 나중에 구슬을 가져가는 사람이 이기는 게임인가? (두 사람은 모두 최선의 방법을 사용한다.)

2. 1.에서와 같이 20개의 구슬이 있고, 3개까지 구슬을 가져갈 수 있으며 자기 차례에서 가져갈 구슬이 없게 되는 사람이 진다. 다만 바로 앞서서 상대방이 가져간 구슬과 같은 갯수의 구슬을 가져갈 수는 없다 예를들어 A와 B가 게임을 한다고 할 때 A가 1개를 가져가면 B는 1개는 가져갈 수 없고 2개 또는 3개를 가져갈 수 있다. 이 게임은 먼저 구슬을 가져가는 사람이 이기는 게임인가? 나중에 구슬을 가져가는 사람이 이기는 게임인가?

3. 빨강상자, 파랑상자, 노랑상자가 있다. 빨강상자에는 구슬이 3개가 들어있고, 파랑상자에는 구슬이 4개가 들어있고, 노랑상자에는 구슬이 5개가 들어있다. 두 사람이 위와같이 3개의 상자에 들어있는 12개의 구슬을 가지고 게임을 한다. 규칙은 다

• • •

음과 같다.

① 교대로 3개의 상자 중 하나를 선택하여 상자 안에 있는 구슬 중 원하는 갯수만큼 가져간다. 이때 적어도 하나는 가져가야 한다.

② 자기 차례에서 가져갈 구슬이 없게 되는 사람이 진다.

이 게임은 먼저 구슬을 가져가는 사람이 이기는 게임인가? 나중에 구슬을 가져가는 사람이 이기는 게임인가? (두 사람은 모두 최선의 방법을 사용한다.)

※ 고대 중국에서 유래한 게임으로 1901년 당시 하버드대학 교수였던 Charles Leonard Bouton이 'nim'이라 이름을 붙였다.

해설

1. 나중에 구슬을 가져가는 사람이 이긴다. 나중에 구슬을 가져가는 사람은 먼저 구슬을 가져가는 사람이 1개를 가져가면 3개를 가져가고, 2개를 가져가면 2개를 가져가고, 3개를 가져가면 1개를 가져간다. 그러면 나중에 구슬을 가져가는 사람은 16, 12, 8, 4, 0 순으로 구슬이 남도록 할 수 있다.

2. 나중에 구슬을 가져가는 사람이 이긴다. 나중에 구슬을 가져가는 사람은 먼저 구슬을 가져가는 사람이 1개를 가져가면 3개를 가져가고, 2개 또는 3개를 가져가면 1개를 가져간다.

3. 먼저 구슬을 가져가는 사람이 이긴다. 먼저 구슬을 가져가는 사람을 A, 나중에 구슬을 가져가는 사람을 B라 하자. A가 빨강상자에서 2개의 구슬을 가져가면 B가 어떻게 구슬을 가져가든 A는 한 상자에는 구슬이 1개, 다른 상자에는 구슬이 2개, 나머지 한 상자에는 구슬이 3개가 들어있도록 하거나 한 상자에는 구슬이 없고 다른 두 상자에는 같은 갯수의 구슬이 들어있도록 할 수 있다. 한 상자에는 구슬이 1개, 다른 상자에는 구슬이 2개, 나머지 한 상자에는 구슬이 3개가 들어있는 경우에 B가 어떻게 가져가든 A는 한 상자에는 구슬이 없고, 다른 두 상자에는 같은 갯수의 구슬이 들어있도록 할 수 있다. 한 상자에는 구슬이 없고 다른 두 상자에는 같은 갯수의 구슬이 들어있는 경우에 A는 자기 차례에서 B가 선택하지 않은 상자에서 B가 가져간 구슬의 갯수만큼 가져간다.

· · ·

재미있는 논리이야기
아인슈타인 따라잡기

2003년 2월 3일 1판 1쇄 인쇄
2003년 2월 6일 1판 1쇄 발행

지은이   신만철
펴낸이   강찬석
펴낸곳   도서출판 **나노미디어**
주 소   120-012 서울시 서대문구 충정로2가 75번지
전 화   (02)364-2791 / 팩 스   (02)364-2787
등 록   제8-257호
ISBN   89-89292-04-2   03000

정가   8,000원

0을 알면 수학이 보인다

저자　찰스 사이프
역자　홍종도
판형　신국판
정가　8,000원

유명한 제논의 역설도 0(무한소)을 제대로 이해했기 때문에 해결할 수 있었고, 미적분이라는 이 시대 최고의 수학적 도구를 얻을 수 있었다. 상대성 이론에서의 블랙홀과 양자역학의 진공에너지라는 '특이점'(0)은 우주의 비밀을 여는 열쇠로 알려져 있다. 한편 최근 각광을 받기 시작한 초끈 이론에 대해서는 그 이론이 0을 회피하고 '조화로운 우주'로서 설명한다는 측면에서 아리스토텔레스의 우주관보다 나을 게 없다고 비판하기도 한다.

사라와 함께하면 수학이 즐겁다

저자　사라 플래너리
역자　김진수
판형　신국판
정가　10,000원

사라 플래너리, 1999년 16세의 나이로 새로운 암호 알고리즘을 발표하여 세계를 깜짝 놀라게 했던 한 아일랜드 소녀가, 자신의 성장 과정과 암호와 관련된 여러 가지 이야기를 통해 전세계 친구들에게 수학의 즐거움을 전한다.
이 책은 수학을 모르는 사람도 재미있게 읽을 수 있으며, 수학적 기초가 있고 암호에 관심이 있는 사람들에게는 암호의 원리와 역사를 통찰할 수 있는 매우 유용한 책이다. 어린 나이에도 불구하고 성공에 흥분하지도 않고 특허를 내서 큰 부자가 되라는 유혹에 빠지지도 않고 실패에도 좌절하지 않는 주인공의 자세에서 많은 것을 얻을 수 있다.

고객혁명

저자 패트리샤 세이볼드
역자 이동현
판형 신국판
정가 15,000원

고객만족, 고객감동 등의 수사적 표현이나 CRM 마케팅 기법 정도가 아니라 '고객 주도'라는 화두를 던지고 있는 이 책은 인터넷 기술의 발전에 따라 주도권이 고객으로 넘어가는 흐름이 가속화될 것이라며 고객 중심의 기업으로 탈바꿈하기 위한 방법과 사례를 구체적으로 적시하고 있다. 최근에 불어닥치고 있는 급격한 변화를 표현하기 위하여, 신경제, 인터넷 경제, 정보 경제, 지식 경제, 바이오 경제 등 여러 가지 용어가 등장하고 있다. 이 책에는 북미, 유럽, 아시아에서 이러한 변화에 잘 대처하고 있는 기업들의 사례가 분석되고 있다. 소기업에서 거대 다국적기업에 이르기까지, 제조 업체로부터 소매 및 서비스 업체에 이르기까지의 다양한 사례 연구에는 찰스 슈왑, 제너럴 모터스, 스냅온 툴즈, 팀북투, 휴렛 패커드, 메드스케이프, W.W. 그레인저 등이 포함되어 있다.

21세기 호모 사피엔스

저자 레이 커즈와일
역자 채윤기
판형 신국판
정가 12,000원

레이 커즈와일은 20년 후에 천달러짜리 컴퓨터가 사람 뇌의 능력과 같아진다고 예언한다. 커즈와일은 사람의 지능과 인공 지능에 관한 의미심장한 분석을 제시하고 있으며, 컴퓨터와 사람이 점점 가까워진다는 독특한 미래관을 보여주고 있다.

디지털 보안의 비밀과 거짓말

저자 브루스 슈나이어
역자 채윤기
판형 신국판
정가 18,000원

"해킹 절대 불가"나 "절대 깨지지 않는 암호"라고 주장하는 제품은 거의 안전하고는 거리가 멀다. 획기적인 신기술이라고 주장하는 제품들은 거의가 허풍이다.
안전한 제품을 만들어야 한다는 법률적 유인이 생기기 않는 한, 회사들이 솔선해서 안전한 제품을 만들려고 하지는 않을 것이다.
보안을 위험의 회피라고 생각하면 보안은 비용이 된다. 필요가 증명된 보안에 한하여 마지못해 예산이 승인될 것이다.
보안을 위험 관리라고 생각하면 보안은 수익 창출의 방법이 된다. 온라인 주문 시스템의 위험 관리를 알아내면 시장 점유율을 높일 수 있게 된다.

생각하는 사물

저자 닐 거센펠드
역자 이구형
판형 신국판
정가 10,000원

며칠 밤을 새워 작업하던 문서를 저장하려는 순간 정전이 되거나 "치명적인 오류가 발생했습니다."하는 메시지를 대했을 때 컴퓨터를 부셔버리고 싶은 충동을 느끼지 않는가.
컴퓨터는 급속도로 발전하여 우리의 생활 전반을 바꿔놓을 만큼 필수품으로 자리잡고 있지만 아직도 컴퓨터는 우리에게 많은 것을 요구한다.
스스로 알아서 문제를 예방하고 사용자의 생활습관이나 특별한 요구에 부응할 수 있는 '스스로 생각하는 컴퓨터'는 요원한 것인가.